Sebastian Hauser

Sag' mir, wer du bist, und ich sag' dir, wen du liebst!

Relevante Aspekte der Partnerwahl im quantitativen Vergleich

Bachelor + Master
Publishing

Hauser, Sebastian: Sag' mir, wer du bist, und ich sag' dir, wen du liebst!. Relevante Aspekte der Partnerwahl im quantitativen Vergleich, Hamburg, Diplomica Verlag GmbH 2012
Originaltitel der Abschlussarbeit: Ist Liebe berechenbar? Theorien der Partnerwahl im empirischen Vergleich

ISBN: 978-3-86341-393-4
Druck: Bachelor + Master Publishing, ein Imprint der Diplomica® Verlag GmbH, Hamburg, 2012
Zugl. Ludwig-Maximilians-Universität München, München, Deutschland, Bachelorarbeit, Juli 2012

Bibliografische Information der Deutschen Nationalbibliothek:
Die Deutsche Nationalbibliothek verzeichnet diese Publikation in der Deutschen Nationalbibliografie; detaillierte bibliografische Daten sind im Internet über http://dnb.d-nb.de abrufbar.

Die digitale Ausgabe (eBook-Ausgabe) dieses Titels trägt die ISBN 978-3-86341-893-9 und kann über den Handel oder den Verlag bezogen werden.

Inhaltsverzeichnis

Abstract

This bachelor thesis studies interdisciplinary theories which attempt to explain the criteria for human partnership selection. Therefore, the two macro concepts of Homogamy and Heterogamy are deduced on a micro level basis by well-established economic, biological, socio psychological and structuralist approaches. Using self-collected data of people who teamed up by using the popular German online dating site *FriendScout24*, this study considers the details of 344 couples in order to examine the impact of miscellaneous attributes on the level of relationship satisfaction. The results show that unequal division of housework within the framework of specialization and low distance between two partners' homes exert the dominating influences on the degree of contentment. In contrast to other studies, theory approaches claiming that exchange theoretical structures contribute to the level of relationship satisfaction can be ruled out empirically.

1. Einleitung

Bereits seit vielen Jahrhunderten versuchen sich Wissenschaftler sämtlicher Disziplinen darin, dem Mysterium der Liebe auf den Grund zu gehen. Im Fokus der Forschung steht dabei meist die Frage, wie das Prinzip der Partnerwahl funktioniert. Auch wenn viele Menschen der Meinung sind, dass sie bei der Entscheidung, mit welcher Person sie zusammen sein möchten, völlig freie Hand hätten, so ist der tatsächliche Umfang an potentiellen Partnern[1] aus soziodemografischen, gesellschaftlichen und kulturellen Gründen extrem limitiert (vgl. Grammer 1995: 129). Und selbst wenn man eine Person gefunden hat, welche nicht durch besagtes Raster fällt, so ist dies noch lange kein Garant für die Entstehung einer längerfristigen Beziehung. Doch war dies schon immer so?

Im Laufe der vergangenen Jahrzehnte konnte ein spürbarer Rückgang an Mehrgenerationenhaushalten verzeichnet werden. Während frühere Partnerschaften nahezu ausschließlich durch familiäre Strukturen geprägt wurden, kann inzwischen nicht mehr auf besagtes Muster zurückgegriffen werden. Dementsprechend scheint heutzutage einzig und allein das Individuum darüber zu entscheiden, mit welchem Partner eine Beziehung eingegangen werden soll. Ob dies jedoch von Vorteil ist, lässt sich durch einen Blick auf die Zahlen des statistischen Bundesamtes bezweifeln: In Bezug auf beziehungsstrukturelle Merkmale kann in den letzten Jahren ein deutlicher Wandel in der Gesellschaft festgestellt werden. Während die Zahl an Eheschließungen über die Jahre hinweg deutlich niedriger wurde, stieg die Anzahl an gerichtlichen Ehescheidungen sichtlich an. So wurden im Jahr 1990 noch 516.388 Ehen in Deutschland geschlossen, während es 20 Jahre später nur noch 382.047 waren. Dies entspricht einem Rückgang von 26,0%. Was die Scheidungsrate anbelangt, so wurden 1990 insgesamt 154.786 Ehen geschieden, während 2010 bereits 187.027 gerichtliche Scheidungen durchgeführt wurden. Dies gleicht einen Anstieg von 17,2% (vgl. Statistisches Bundesamt 2012). Der sinkende Anteil an Beziehungen im ehelichen Kontext verweist jedoch gleichzeitig auch auf einen Anstieg an Partnerschaften in nicht ehelichen Verhältnissen. Wenn man annimmt, dass letztgenannte Form der Beziehung eine mindestens ebenso hohe Quote an Trennungen mit sich bringt, wie diese bei verheirateten Paaren der Fall ist, so wird der vorherrschende Trend weg vom Partner fürs Leben hin zum Lebensabschnittspartner

---

[1] Im Zuge dieser Arbeit soll der Begriff „Partner" stellvertretend für beide Geschlechter gelten.

erst richtig deutlich. Erkennbar wird dies unter anderem auch durch die immer präsenter werdenden Partnerbörsen im Internet, welche seit einigen Jahren sogar die finanziellen Mittel besitzen, um im Fernsehen zur besten Sendezeit für ihre Plattformen zu werben.

Ungeachtet der Frage, ob die Individualisierung der Partnerwahl mehr Vor- oder Nachteile mit sich bringt, stellt sich zunächst die Frage, wie viel Subjektivität tatsächlich hinter der Wahl des Partners steckt. Viele soziologische Theoretiker sind nach wie vor der Ansicht, dass es auch heutzutage noch bestimmte Muster bei der Suche nach dem Partner fürs Leben gibt. Während Charles Darwin (1871) bereits im vorletzten Jahrhundert die These aufstellte, dass primär die Attraktivität des Menschen über den Erfolg der Fortpflanzung entscheidet, ist sich Scott L. Feld (1981) sicher, dass Beziehungen aus sozialstrukturellen Gemeinsamkeiten entstehen. Der Psychologe David M. Buss (2004) knüpft mit seinem Ansatz an Darwin an, fügt jedoch die Komponente der geschlechtsspezifischen Partnerpräferenzen hinzu. So ist er der Meinung, dass Männer und Frauen unterschiedliche Ansprüche bei der Wahl ihres Partners haben, welche aus evolutionsbedingten Verhaltensweisen resultieren. Gary S. Becker (1981) hingegen denkt rein ökonomisch und sieht den Kern einer erfolgreichen Beziehung in der Nutzenmaximierung des Haushalts begründet. An allen thematisierten Ansätzen scheint auf den ersten Blick etwas dran zu sein. Doch wovon hängt es wirklich ab, ob eine Beziehung von Glück erfüllt wird?

Diese Bachelorarbeit befasst sich mit der Frage, welcher Theorieansatz das Prinzip der Partnerwahl am effektivsten erklären kann. In Zusammenarbeit mit *FriendScout24*, Deutschlands größtem Partnerportal, soll herausgefunden werden, welche beziehungsrelevanten Faktoren ausschlaggebend für eine zufriedene Partnerschaft sind. Mit Hilfe einer schriftlichen Befragung wird überprüft, ob sich die auf den Prinzipien der Homo- und Heterogamie basierenden Theorien auch im Kontext des Online-Datings bestätigen lassen. Nach der Erläuterung des theoretischen Konstrukts findet die Ableitung der Hypothesen statt. Anschließend soll kurz auf den aktuellen Stand der Forschung sowie den Prozess der Datenerhebung eingegangen werden. Die finale Auswertung zielt schließlich darauf ab, diejenigen Determinanten ausfindig zu machen, die für das Gefühl von Zufriedenheit innerhalb einer Beziehung ausschlaggebend sind. Abschließend sollen sowohl die Ergebnisse der Untersuchung als auch ein Ausblick auf weiterführende Fragestellungen und Forschungsansätze diskutiert werden.

2 Theorien der Partnerwahl

In diesem Kapitel werden sowohl die übergeordneten Theorien der Homo- und Heterogamie als auch die bereits thematisierten Ansätze aus Biologie, Soziologie, Psychologie und Ökonomie genauer erläutert. So spielen bei der Wahl des Partners neben den Aspekten der physischen Attraktivität vor allem Kriterien wie Status oder Bildung eine wichtige Rolle. Möchte man einen Partner, der dieselben Vorlieben und Abneigungen teilt wie man selbst? Oder ist es reizvoller, wenn der Gegenüber sich komplett von einem unterscheidet? Letztendlich stellt sich somit die Frage, ob eine Beziehung allgemein eher auf Gemeinsamkeiten oder auf Gegensätzen basiert.

2.1 Homogamie – Gleich und Gleich gesellt sich gern

Das Prinzip der Homogamie besagt, dass bei der Wahl des Partners meist Personen bevorzugt werden, welche gleichartige Merkmale in eine Beziehung einbringen können (vgl. Klein 1991: 37). Dabei kann es sich um Dinge wie Nationalität, Alter, Bildungsniveau, sozialer Status, Attraktivität oder Religionszugehörigkeit handeln. Neben soziodemografischen Merkmalen spielen jedoch auch soziopsychologische Faktoren wie Wertvorstellungen, Einstellungen und Interessen eine entscheidende Rolle. Es finden also primär Menschen zusammen, die sich sowohl in sozialen als auch in persönlichen Präferenzen ähnlich sind (vgl. Lenz 2009: 73). Hans-Werner Bierhoff, seines Zeichens Professor für Sozialpsychologie an der Ruhr-Universität in Bochum, ist als Verfechter der Homogamie-These ebenfalls fest davon überzeugt, dass eine fremde Person beim Prozess des Kennenlernens umso sympathischer wirkt, je ähnlicher sie einem ist (vgl. Bierhoff 2000: 53f). Nicht umsonst ist die volksweisheitliche Redewendung „Gleich und gleich gesellt sich gern" – hier bewusst als Untertitel des Kapitels gewählt – eine der meistzitierten Phrasen, wenn es um das konsensuelle Rezept einer funktionierenden Partnerschaft geht.

Die beiden folgenden Unterkapitel erläutern Theorien, welche auf dem Prinzip der Homogamie basieren. Zunächst soll auf den biologischen Ansatz von Darwin eingegangen werden. Im Anschluss daran wird der strukturalistische Ansatz von Scott L. Feld beschrieben.

2.1.1 Biologischer Ansatz

Die erste Theorie, welche das Prinzip der Homogamie aufgreift, beruht auf den Überlegungen des britischen Naturwissenschaftlers Charles Darwin. Darwin zählt nicht nur wegen des von ihm geprägten Konzepts der natürlichen Auslese zu den bedeutendsten Forschern aller Zeiten. Auch durch seine Arbeiten auf dem Gebiet der sexuellen Selektion[2], welche erstmals im Februar des Jahres 1871 in seinem zweibändigen Werk „The Descent of Man, and Selection in Relation to Sex" veröffentlicht wurden, gilt er bis heute als Pionier der Evolutionsforschung. Darwin ist der Ansicht, dass ein Lebewesen nicht nur durch das bloße Überleben für die Sicherung der eigenen Existenz sorgen muss. Vielmehr geht es darum, sich mit einem geeigneten Partner fortzupflanzen, um das dauerhafte Bestehen der eigenen Spezies garantieren zu können.

Darwin studiert über Jahre hinweg Mensch und Tier, um eine Antwort auf die Frage zu erhalten, weshalb Lebewesen, die sich aufgrund ihrer Stärke gegen andere Artgenossen durchsetzen können, häufiger Nachwuchs zeugen. Durch die Beobachtung verschiedener Vogelarten kommt er schließlich zu der Erkenntnis, dass nicht nur physische Überlegenheit im Kampf gegen andere Tiere entscheidend ist, sondern auch sogenannte sekundäre Geschlechtscharaktere beim Balzverhalten eine wichtige Rolle spielen. Während männliche Vögel durch bestimmte Gesänge oder farbenprächtige Federkleider um die Gunst des Weibchens buhlen, lässt sich dieses Muster am Beispiel einer vollen Körperbehaarung oder einer tiefen Stimme auch auf den Mensch übertragen. Darwin betont, dass sich besagte sekundäre Geschlechtscharaktere auch bei einer Vielzahl weiterer Säugetiere finden lassen. Doch auch wenn es so scheint, als ob sich besagte Strukturen sowohl auf Tiere als auch auf Menschen nahtlos übertragen lassen, muss an dieser Stelle auf den unterschiedlichen Verlauf der Evolution hingewiesen werden: Aufgrund der Tatsache, dass es im Zuge der menschlichen Zivilisation immer seltener zu körperliche Auseinandersetzungen gekommen ist, und somit der Wert von körperlicher Stärke und physischer Durchsetzungskraft gemindert wurde, hat das Aussehen des Menschen immer mehr an Bedeutung gewonnen. Darwin geht in diesem Kontext auch auf den „doppelten Vorgang der Zuchtwahl" (Darwin 1883: 216) ein. Dieser Ausdruck beschreibt den Umstand, dass sich Lebewesen mit einem ähnlichen Grad an Schönheit

---

[2] Die sexuelle Selektion ist eine innerartliche Selektion, die auf physische Merkmale wirkt und durch Abweichungen im Fortpflanzungserfolg zwischen Lebewesen desselben Geschlechts entsteht (vgl. Kappeler 2008: 233ff).

gegenseitig als Partner auswählen. Besagter Vorgang hat zur Folge, dass zwei optisch gleichermaßen ansprechende Lebewesen den Akt der Fortpflanzung vollziehen, was letztendlich auch dem potentiellen Nachwuchs die bestmöglichen Gene bescheren soll.

Zusammengefasst lässt sich somit sagen, dass Darwin Schönheit als ausschlaggebende Komponente für den Prozess der Partnerwahl identifiziert. So kommt es laut ihm darauf an, dass sich Lebewesen mit Hilfe von visuell sichtbaren Körperattributen gegenseitig betören, was wiederrum in der Paarung von optisch gleichwertigen Individuen resultiert. Da sich der Partnermarkt in Bezug auf die Attraktivität der darin vertretenen Personen im Großen und Ganzen ausgeglichen verhalten müsste, sollten sich somit überwiegend Paare mit ähnlicher Attraktivität bilden. Kaum jemand dürfte sich unter Wert verkaufen, was wiederum zur Folge hat, dass Darwins Überlegungen diesbezüglich auch heute noch von enormer Präsenz sein sollten.

2.1.2 Strukturalistischer Ansatz

Die zweite Theorie, die auf dem Prinzip der Homogamie basiert, ist die Fokustheorie von Scott L. Feld (1981). Deren Grundidee besagt, dass nicht nur individuelle Präferenzen und Handlungen die Wahl des Partners beeinflussen, sondern vor allem Gelegenheitsstrukturen dafür verantwortlich sind, dass Menschen sich näher kommen. So ist der Mensch in eine Vielzahl von gesellschaftlichen Kontexten eingebettet, welche von Kommunikation und Interaktion bestimmt werden. Die Schauplätze, in denen sich besagte Strukturen abspielen, bezeichnet Feld als „Foki". Laut Feld beinhaltet dieser Begriff sämtliche Aspekte des sozialen Umfelds, welche durch gesellschaftliche Aktivitäten geprägt werden[3]. Foki entstehen nicht durch Zufall, sondern sind hinsichtlich verschiedener Dimensionen, wie beispielsweise dem Grad der Bildung, auf gewisse Weise stets sozial vorstrukturiert. Dies bedeutet, dass auch Partnerschaften nicht zufällig entstehen, sondern bestimmten sozialen Muster folgen. Als elementare Beispiele für verschiedene Foki seien hier Arbeitsplatz, Vereine, Familie und Freunde genannt. Auch andere Umgebungen in gesellschaftlichem Kontext können dementsprechend als Fokus betrachtet werden. Die Basis zwischenmenschlicher Interaktion bildet laut Feld der Umstand, nahezu zwangsläufig in regelmäßigen Abständen mit einem bestimmten

---

[3] Dem genauen Wortlaut nach definiert Feld den Begriff als „social, psychological, legal, or physical entity around which joint activities are organized" (Feld 1981: 1016).

Personenkreis konfrontiert zu werden. Die dadurch entstehende Nähe zum Gegenüber sorgt durch ihren wiederholenden Charakter für Anschlussfähigkeit, welche wiederrum in sozialen Bindungen resultiert. Die Frage, ob besagte Bindungen freundschaftlicher oder partnerschaftlicher Natur sind, bleibt an dieser Stelle unbeantwortet. Fest steht, dass aus jeder Freundschaft theoretisch auch eine partnerschaftliche Beziehung entstehen könnte. Also ist es oftmals nur eine Frage der Intensität, in welcher Art von zwischenmenschlichem Kontakt die gemeinsame Präsenz innerhalb eines gemeinsamen Fokus letztendlich resultiert. Doch dem nicht genug: Den netzwerktheoretischen Gedanken, welcher besagt, dass Menschen aufgrund diverser Foki mit einer Vielzahl von unterschiedlichen Kontakten in Beziehung stehen, erweitert Feld durch den Begriff der „tendency toward transitivity" um eine weitere Dimension. So dient das Individuum neben seiner Existenz als Teil eines Netzwerkes auch als Verbindungsstück zwischen zwei sich unbekannten Personen (Feld 1981: 122). Bemerkenswert ist hierbei die Tatsache, dass die sich fremden Personen keinen gemeinsamen Fokus miteinander teilen müssen – allein die Tatsache, dass beide dieselbe Kontaktperson kennen, erhöht die Wahrscheinlichkeit ihres zufälligen Aufeinandertreffens um ein Vielfaches. Der beschriebene Vorgang wird letztendlich durch die Bildung von Clustern, sprich einer größeren Ansammlung von gleichförmigen Objekten, ermöglicht. Einzelne Individuen dienen hierbei als Schnittpunkte zwischen den Clustern und agieren somit als unmittelbares Verbindungsglied für die unterschiedlichsten Foki.

Felds Fokustheorie läuft somit in den meisten Fällen unweigerlich auf den Prozess der Selektion hinaus. Als einfachstes Beispiel soll hier das Dasein als Student einer Universität genannt werden: Eine der elementarsten Gemeinsamkeiten eines jeden Studenten ist sein relativ hoher Grad an Bildung. So wird es Personen ohne allgemeine Hochschulreife nur in den seltensten Fällen gestattet, überhaupt erst an einer Universität studieren zu dürfen. Dementsprechend besitzen die meisten Studenten ein relativ identisches Bildungsniveau. Diese Gemeinsamkeit, welche von allen Personen innerhalb der besagten Personengruppe geteilt wird, bildet somit das Fundament ihrer zwischenmenschlichen Beziehung. Somit ist davon auszugehen, dass sich die Studenten auch in weiteren Merkmalen und Präferenzen ähneln, da sie aufgrund ihrer, dem Bildungsabschluss nach zu urteilen, erfolgreich abgeschlossenen Schullaufbahn mit großer Wahrscheinlichkeit auch weitere soziodemografische Ähnlichkeiten miteinander teilen. Dieser Umstand sorgt wiederrum für die Festigung der gruppeninternen Homogenität.

Feld ist sich hierbei jedoch durchaus bewusst, dass sich Personen innerhalb ihrer Foki nicht in allen Belangen zwangsläufig ähneln müssen. Lediglich die Wertvorstellungen sollten größtenteils deckungsgleich verlaufen (vgl. Feld 2009: 527ff). Wenn dies der Fall ist, kann auf besagten Gemeinsamkeiten aufgebaut werden, was wiederrum zur Stabilisierung der restlichen soziopsychologischen Übereinstimmungen führt. Die Intensität kann letztendlich darüber ausschlaggebend sein, ob sich mehr als nur ein freundschaftliches Verhältnis zwischen zwei Personen entwickeln wird.

Zusammengefasst lässt sich somit sagen, dass Feld die sozial geprägte Umwelt des Menschen als ausschlaggebende Komponente für den Prozess der Partnerwahl identifiziert. Dementsprechend hat man es bei sämtlichen sozialen Schauplätzen mit einer Ansammlung von Menschen zu tun, welche bestimmten Merkmalen und Eigenschaften miteinander teilen. Die logische Konsequenz ist schließlich, dass durch die Menge an gesellschaftlich gegebenen Gemeinsamkeiten schneller und effektiver ein Gefühl von Nähe und Intimität entstehen kann, was letztendlich zu zufriedeneren Bindungen führen sollte.

2.2 Heterogamie – Gegensätze ziehen sich an

Wie der Untertitel dieses Kapitels bereits verrät, vertritt das Prinzip der Heterogamie die Meinung, dass vor allem entgegen gerichtete Merkmale und Einstellungen für das Zustandekommen und Bestehen einer Partnerschaft verantwortlich sind. Entwickelt wurde dieses Konzept von Robert F. Winch, welcher in seinem Werk „Mate selection: A study of complementary needs" (1958) behauptet, dass die maximale Bedürfnisbefriedigung eines Individuums nur dann erreicht werden kann, wenn die Partner in einer Beziehung voneinander abweichende, komplementäre Bedürfnisse[4] vorzuweisen haben. Man sucht also hauptsächlich nach einem Partner, der differierende Eigenschaften in die Partnerschaft einbringt, um somit eine Kollision mit den eigenen Präferenzen zu vermeiden. Nur so kann eine vollständige Befriedigung der eigenen Bedürfnisse erfolgen. Dabei lässt Winch jedoch nicht außer Acht, dass sich Paare in gewissen Merkmalen wie Alter, Bildung oder sozialem Status ähneln, jedoch führt er diesen

---

[4] Unter dem Begriff „Bedürfnis" wird in diesem Zusammenhang jene Antriebskraft verstanden, welche soziale Handlungsweisen dahingehend beeinflusst, wie man in einer unbefriedigenden Situation agiert und reagiert (vgl. Mikula / Stroebe 1977: 79).

Umstand auf die Homogenität bestimmter Netzwerke zurück, welche die Wahrscheinlichkeit einer Kontaktaufnahme zweier Menschen von Haus aus drastisch erhöhen.

Die beiden folgenden Unterkapitel erläutern Theorien, welche auf dem Prinzip der Heterogamie basieren. Zunächst soll auf den evolutionspsychologischen Ansatz von Buss eingegangen werden. Im Anschluss daran wird der ökonomische Ansatz von Gary S. Becker beschrieben.

2.2.1 Evolutionspsychologischer Ansatz

Die erste Theorie, welche das Prinzip der Heterogamie aufgreift, ist der evolutionspsychologische Ansatz von David M. Buss (2004). Dessen Grundannahme ist, dass sich im Laufe der Evolution gewisse Verhaltensweisen als erfolgreich erwiesen haben, was zur Reproduktion von bestimmten Mustern führte, welche bis zum heutigen Tage von hoher Relevanz sind. Dementsprechend waren Individuen, die besagte Verhaltensweisen vorweisen konnten, erfolgreicher bei der Fortpflanzung, was letztlich in einer Vielzahl von Nachkommen resultierte. Wie Charles Darwin ist auch Buss der Meinung, dass die Wahl des Partners durch das Ziel einer erfolgreichen Fortpflanzung determiniert wird. Im Gegensatz zu Darwin ist Buss jedoch nicht der Ansicht, dass die Mechanismen der Partnerwahl geschlechterneutral verlaufen. Im Gegenteil, Buss erkennt geschlechtsspezifische Präferenzen, welche in der Deckung von unterschiedlichen Bedürfnissen begründet liegen. So sind Männer aufgrund ihrer Promiskuität[5] in der Lage, innerhalb kürzester Zeit eine Vielzahl von Nachkommen zu zeugen, während die weibliche Anatomie es nur zulässt, Kinder in größeren zeitlichen Abständen zu gebären. Hinzu kommt, dass die Chance auf eine erfolgreiche Befruchtung der Eizellen mit zunehmendem Alter drastisch sinkt, während Männer auch in hohem Alter noch Nachkommen zeugen können. Aufgrund dieses Umstands müssen Eltern besonders viel Wert auf die Qualität ihrer Nachkommen legen. Daher ist das Ziel, bei einer beschränkten Anzahl an Geburten ein Maximum an überlebensfähigen Kindern sicherzustellen. Gewährleistet wird dies durch starke soziale Bindungen und intensive elterliche Fürsorge. Dies kann jedoch nur in einer längerfristig angelegten, monogam geführten Beziehung zweier Menschen geschehen (vgl. Lösel / Bender 2003: 46). Für Männer und Frauen sind daher

---

[5] Der Begriff Promiskuität bezeichnet die Pflege von sexuellen Kontakten mit stets wechselnden Partnern.

verschiedene Strategien notwendig: Aufgrund ihrer promiskuitiven Natur brauchen Männer ein schnell prüfbares Selektionskriterium. Aus diesem Grund gelten Jugendlichkeit und Attraktivität als Indikatoren für eine erfolgreiche Fortpflanzung. Frauen hingegen haben in Verbindung mit ihrem Nachwuchs deutlich höhere Kosten zu bewältigen. Aufgrund ihrer begrenzten Reproduktionsmöglichkeiten benötigen sie deshalb auf lange Frist einen ressourcenstarken Partner, der sie dauerhaft versorgen kann. Im Gegensatz zum Mann kann die Frau jedoch nur schwer an Körperbau, Alter und Mimik erahnen, ob sich eine bestimmte Person als potentieller Partner eignet. Aufgrund der Tatsache, dass sich Wohlstand größtenteils auf materieller Basis äußert, können jedoch zumindest heutzutage tendenzielle Mutmaßungen bezüglich der Wirtschaftlichkeit des Mannes anhand von Kleidung und sonstigem Körperschmuck getroffen werden.

Zusammengefasst lässt sich somit sagen, dass Buss geschlechtsspezifische Eigenschaften bei der Selektion des Partners als ausschlaggebende Komponente für den Prozess der Partnerwahl identifiziert. Während Männer besonderen Wert auf die physische Attraktivität und das damit verbundene, jugendliches Auftreten ihrer Partnerin legen, suchen Frauen nach einem Partner mit ausreichend materiellen Ressourcen, welcher auch längerfristig dazu in der Lage ist, sie und den potentiellen Nachwuchs versorgen zu können. Dieser austauschtheoretische Gedanke führt letztendlich dazu, dass ein fairer Handel zwischen materiellem Reichtum und optischer Schönheit stattfindet, welcher zwar nicht mit identischen Gütern getätigt wird, jedoch trotzdem in einem ausgeglichenen Verhältnis zueinander steht. Dementsprechend ist davon auszugehen, dass Beziehungen vor allem dann von längerfristiger Zufriedenheit geprägt sind, wenn besagter Austausch in einem fairen Maß stattfinden kann.

2.2.2 Ökonomischer Ansatz

Die zweite Theorie, die auf dem Prinzip der Heterogamie basiert, ist der ökonomische Ansatz von Gary S. Becker (1981). Dieser unterscheidet sich drastisch von allen anderen Theorien, welche im Rahmen dieser Arbeit vorgestellten wurden, da er den Prozess der Partnerwahl vollständig entemotionalisiert und ihn ausschließlich über eine wirtschaftlichen Ebene zu konstruieren versucht. Im Zentrum von Beckers Überlegungen steht dabei die Analyse von familiären Strukturen mit Hilfe eines mikroökonomischen Methodenrepertoires. Als Basis der Theorie gilt die Grundannahme, dass der Mensch stets darauf bedacht ist, seinen eigenen Nutzen zu maximieren. Dementsprechend gehen zwei Personen das Bündnis der Ehe ein, weil sie damit im Vergleich zu ihrem Dasein als Alleinstehende ein größeres Maß an Nutzen erzielen können (vgl. Becker 1982: 226). Becker sieht den gemeinsamen Haushalt als Produktionsgemeinschaft, welche bestimmte Güter erzeugt, die alleine entweder gar nicht, zu höheren Kosten oder nur in deutlich schlechterer Qualität produziert werden können. Die Produkte sind dabei von vielfältigster Natur: Es kann sich sowohl um Zuneigung und Vertrauen als auch um die Zeugung von Kindern handeln kann. Becker bezeichnet diese Art der Produkte als „Commodities", sprich Haushaltsgüter. Neben den bereits genannten Gütern werden unter anderem auch Prestige, Erholung, Kameradschaft und Gesundheit als Beispiele für Commodities aufgezählt (vgl. Becker 1982: 228).

Den größten Vorteil eines gemeinsamen Haushalts sieht Becker jedoch im Prozess der Arbeitsteilung. So sind Beziehungen laut ihm vor allem dann von Erfolg gekrönt, wenn sich zwei Personen durch die Spezialisierung auf unterschiedliche Tätigkeiten ergänzen. Becker ist fest davon überzeugt, dass der maximale Nutzen nur dann erreicht werden kann, wenn einer der beiden Partner sich um die Hausarbeit kümmert, während der andere dem Broterwerb nachgeht (vgl. Becker 1981: 14). Dementsprechend übernimmt derjenige Partner die Herstellung bestimmter Güter, der die komparativen Kostenvorteile besitzt. Ein komparativer Kostenvorteil besteht dann, wenn einer der beiden Partner dazu in der Lage ist, eine bestimmte Ware zu geringeren Alternativkosten als sein Gegenüber herzustellen. Becker ist der Ansicht, dass der durch Nutzenmaximierung erzielte Gewinn überhaupt erst zur Bildung einer Partnerschaft beiträgt. So gäbe es keinen Anreiz zur Bildung einer Partnerschaft, wenn sich im Vergleich zum Single-Dasein keine Vorteile ergeben würden. Im Zusammenhang mit der Gewinnmaximierung verweist Becker hier auch auf die Aufsplitterung von Ressourcen. Diese Aufsplitterung hat zur Folge, dass sich ein gemeinsamer Haushalt bestimmte Güter materieller Art teilen kann. Als Beispiel seien hier ganz banale Gegenstände wie Fernseher, Bett oder Waschmaschine genannt. Während jede alleinstehende Person derartige Investitionen komplett selbst übernehmen muss, kann ein Paar sich die Anschaffungskosten teilen, da genannte Güter von beiden Personen gleichzeitig genutzt werden können. Dementsprechend stehen finanzielle Ersparnisse für anderweitige Investitionen zur Verfügung, das wiederrum zur angestrebten Maximierung des Haushaltsnutzens führt.

Letztendlich kommt es also darauf an, dass ein Haushalt und die damit verbundene Partnerschaft umso zufriedener sind, je rationaler mit den verfügbaren Ressourcen umgegangen wird.

Zusammengefasst lässt sich somit sagen, dass Becker ökonomische Vorteile als bestimmende Determinante für den Prozess der Partnerwahl identifiziert. Für ihn kommt es darauf an, das Maximum an materiellen und nicht materiellen Gütern herauszuholen, was sich im Endeffekt positiv auf die Zufriedenheit in einer Beziehung auswirken soll. Aufgrund der Tatsache, dass beiden Partnern bewusst wird, dass sie miteinander viel mehr erreichen können, als ohneeinander, steigt die Zufriedenheit in der Beziehung proportional mit ihrem Nutzen an. Weniger erfolgreiche Beziehungen sind dementsprechend von einer nutzenmaximierten Arbeitsteilung weit entfernt und auf lange Sicht zum Scheitern verurteilt. Die Spezialisierung beider Partner in sich ergänzenden Professionen scheint daher auf Dauer am erfolgversprechendsten zu sein. Während der eine Partner sich um den Haushalt kümmert, geht der andere der Erwerbs-arbeit nach. Dies hat zur Folge, dass jeder seinen eigenen Aufgabenbereich hat, auf den er sich längerfristig spezialisieren kann. Durch diese Art der Zusammenarbeit werden Güter in größerer Anzahl und besserer Qualität hergestellt, was neben dem ökonomi-schen Nutzen auch die Beziehungszufriedenheit maximieren soll.

3 Hypothesen

Im nächsten Schritt soll versucht werden, den Kern eines jeden Theorieansatzes so präzise wie möglich zu extrahieren. Dies ist notwendig, um gewährleisten zu können, dass bei der Generierung der Hypothesen sämtliche elementare Bestandteile der Theorie berücksichtigt werden. An dieser Stelle sei nochmals darauf hingewiesen, dass die Probanden dieser Studie primär auf die Determinanten ihrer Beziehungszufriedenheit untersucht werden sollen. Da sämtliche behandelten Theorieansätze nicht nur das Zustandekommen von Partnerschaften, sondern auch deren Formel für längerfristigen Bestand zu erklären versuchen, kann davon ausgegangen werden, dass vor allem die Zufriedenheit innerhalb der Beziehung das ausschlaggebende Kriterium für die angestrebte Dauerhaftigkeit darstellt.

Der biologische Ansatz nach Darwin besagt, dass Männer und Frauen nach Partnern suchen, die dem eigenen Attraktivitätsniveau entsprechen. Attraktivität wird durch Gesundheit und Stärke beeinflusst, was dazu führt, dass der gemeinsame Nachwuchs sowohl durch seine Gene als auch durch das längerfristige Überleben seiner Eltern abgesichert werden soll. Wenn also das primäre Ziel der Partnerwahl die Zeugung und nachhaltige Erziehung von Kindern mit bestmöglicher Genkombination darstellt, so ist davon auszugehen, dass eine Beziehung mit einem gleich attraktiven Partner von längerfristigem Bestand sein muss. Um diese Langfristigkeit zu garantieren, bedarf es eines gewissen Grads an Glück und Zufriedenheit innerhalb der Beziehung, welcher dafür verantwortlich ist, dass man sich keinen anderen Partner mit abweichenden Attributen sucht. Die erste Forschungshypothese lautet daher: *Personen, deren Partner gleich attraktiv ist, sind zufriedener mit ihrer Beziehung, als Personen, deren Partner nicht gleich attraktiv ist.*

Der strukturalistische Ansatz von Feld geht auf die Annahme zurück, dass Personen mit gemeinsamem sozialem Kontext sich eher kennenlernen, als Personen ohne ähnliches gesellschaftliches Umfeld. Da sich sämtliche Probanden dieser Studie über das Internet kennengelernt haben, kann Felds Fokustheorie hier nur in modifizierter Form angewendet werden: Wenn man bedenkt, dass vor allem der soziale Stand einer Person als entscheidende Determinante für den Verkehr in bestimmten Foki verantwortlich gemacht werden kann, lässt sich unter Einbezug gewisser soziodemografischer Merkmale der Radius an potentiellen gesellschaftlichen Schauplätzen durchaus eingrenzen.

Dies bedeutet, dass eine Begegnung und Annäherung im Alltag durch die grundsätzliche Existenz von elementaren Gemeinsamkeiten[6] wahrscheinlicher wird. Soziale Schauplätze werden dementsprechend von Personen mit ähnlichen Merkmalszusammensetzungen erschaffen und geprägt. Wenn man besagte Überlegungen nun auf die Teilnehmer dieser Studie bezieht, so könnte man davon ausgehen, dass sich die jeweiligen Paare aufgrund ihrer soziodemografischen Ähnlichkeiten auch bei einem Aufeinandertreffen im realen Leben näher gekommen wären. Das Internet dient somit lediglich zur Überwindung von etwaiger geographischer Distanz. Der wiederholende Charakter der anschließenden physischen Treffen sorgt schließlich für körperliche und geistige Annäherung, welche letztendlich in der Bildung von gemeinsamen Foki resultiert. Gemeinsame Foki wiederrum stärken die Partnerschaft und fördern somit auch die Zufriedenheit mit der Beziehung. Die zweite Forschungshypothese lautet daher: *Personen, deren Partner eine ähnliche sozialer Lage aufweist, sind zufriedener mit ihrer Beziehung, als Personen, deren Partner keine ähnliche soziale Lage aufweist.*

Der sozialpsychologische Ansatz nach Buss stellt die Behauptung auf, dass zwischen Männern und Frauen eine Art Handel bei der Wahl des Partners eingehen. So ist der Mann bestrebt, eine möglichst junge, attraktive Partnerin zu besitzen, um die Zeugung von gesundem Nachwuchs zu gewährleisten. Die Frau hingegen sucht sich einen ressourcenstarken Partner, der sie und die potentiellen Nachkommen auch längerfristig versorgen kann. Dementsprechend ist davon auszugehen, dass Männer, die ihre Reproduktion nicht gefährdet sehen, und Frauen, denen aufgrund ihres Partners eine finanzielle Absicherung gewährleistet wird, eine zufriedenere Beziehung führen, als diejenigen Paare, die sich nicht nach besagtem Muster richten. Im Klartext würde dies bedeuten, dass Frauen in finanziell schwächeren Männern keinen Beschützer erkennen, während Männer in optisch nicht ansprechenden Frauen keine geeignete Mutter für ihren Nachwuchs sehen können. Die dritte Forschungshypothese lautet daher: *Personen, in deren Beziehung ein geschlechtsspezifischer Austausch zwischen Status und Attraktivität stattfindet, sind zufriedener mit ihrer Beziehung, als Personen, in deren Beziehung kein geschlechtsspezifischer Austausch zwischen Status und Attraktivität stattfindet.*

Der ökonomische Ansatz nach Becker besagt, dass Beziehungen im Vergleich zu anderen Lebensformen einen höheren wirtschaftlichen Ertrag erzielen können, da durch

---

[6] Als Beispiel seien hier Alter, Bildung, Nationalität oder Religion genannt.

den Prozess der Arbeitsteilung und die damit verbundenen spezialisierten Aufgabengebiete beider Partner der Nutzen des Haushalts maximiert wird. Neben der Arbeitsteilung wird der Nutzen auch durch das Teilen von gemeinsam verwendbaren Gütern erzielt, da sich die Anschaffungskosten von besagter Ware durch die gemeinsame Investition halbieren. Auch ein Austausch von nicht käuflichen Gütern trägt laut Becker zur Maximierung des Nutzens bei. So zählen Commodities wie beispielsweise Liebe, Vertrauen und Zärtlichkeit als eigene Ware, mit welchen ebenfalls auf ökonomischer Basis gehandelt wird. Die angestrebte Nutzenmaximierung eines Paares sorgt schließlich für ein Gefühl der Zufriedenheit, was sich am Ende stabilisierend auf die Partnerschaft auswirken soll. Becker ist der Ansicht, dass eine entgegen gerichtete Spezialisierung beider Partner in Bezug auf sich ergänzende Aufgabengebiete zum gewünschten Maximierungserfolg beiträgt. Dementsprechend sollte sich ein Partner komplett auf die Erledigung der Hausarbeit konzentrieren, während der andere der Erwerbsarbeit nachgeht. Nur so kann ein Paar sowohl das ökonomische als auch das zwischenmenschliche Maximum aus seiner Beziehung herausholen. Erst die Erreichung dieses maximalen Nutzens kann die Zufriedenheit innerhalb einer Beziehung effektiv gewährleisten. Die vierte Forschungshypothese lautet daher: *Personen, die eine Partnerschaft mit vollständiger Spezialisierung im Haushalt führen, sind zufriedener mit ihrer Beziehung, als Personen, die keine Partnerschaft mit vollständiger Spezialisierung im Haushalt führen.*

4 Forschungsstand

Empirische Untersuchungen zeigen, dass größtenteils die makrotheoretischen Überlegungen des Homogamie-Konzepts bestätigt werden können. So gab es in der Vergangenheit bereits eine Vielzahl von Versuchsreihen, welche allesamt zu dem Ergebnis kamen, dass elementare Gemeinsamkeiten für längerfristigen Zusammenhalt sorgen. Oftmals haben sich diese Studien explizit an mikrotheoretischen Ansätzen zur Erklärung des Prinzips der Partnerwahl orientiert, häufig wurden die Probanden jedoch auch direkt nach gemeinsamen Wertvorstellungen und sonstige ideologische Eigenschaften gefragt. Dieses Kapitel soll einen kurzen chronologisch geordneten Überblick über den aktuellen Stand der Forschung liefern.

Im Jahr 2001 haben Axel Franzen und Josef Hartmann (2001) von der Universität Bern eine umfangreiche Studie zum Thema Partnerschaft und Sexualität durchgeführt. Die 490 Teilnehmer der Untersuchung sollten angeben, wie wichtig ihnen Aussehen, Beruf, Intelligenz, Humor und Treue im Kontext einer längerfristigen Partnerschaft sind. Die Ergebnisse der beiden Sozialwissenschaftler sind dabei deckungsgleich mit dem Theorieansatz von David M. Buss: Während für mehr als die Hälfte aller weiblichen Teilnehmer die berufliche Stellung des Mannes von großer Bedeutung ist, legen nur etwa ein Drittel aller männlichen Befragten Wert auf die berufliche Stellung der Frau. Eine optisch ansprechende Partnerin hingegen ist fast der Hälfte aller männlichen Probanden wichtig, während nur knapp ein Drittel aller Frauen besonderen Wert auf die Attraktivität ihres Partners legen. Bei allen anderen erfragten Items gab es keine nennenswerten Unterschiede zwischen beiden Geschlechtern.

Die beiden US-Psychologen Peter Buston und Stephen Emlen (2003) haben insgesamt 978 Studenten der Cornell-Universität im Staat New York nach deren Attributen und denen ihres fiktiven Idealpartners befragt. Dabei ging es um die Bewertung von Merkmalen wie beispielsweise Attraktivität, sozialer Status, Gesundheit oder Zuwendung. Die beiden daraus resultierenden Antwortsets stimmten nahezu komplett überein. Vor allem Familienbewusstsein, Treue und Hingabe wurden häufig als wichtigstes Kriterium bei der Wahl des Partners genannt. Das Aussehen spielte laut Ergebnissen nur eine sekundäre Rolle. Lediglich Personen, welche sich selbst als besonders attraktiv bewerteten, legten vermehrt Wert auf die Optik ihres Partners.

Johannes Bauer und Christian Ganser (2007) von der Ludwig-Maximilians-Universität in München kamen im Rahmen ihrer Studie zu Partnerwahl und Partnerschaft zu dem Ergebnis, dass vor allem der strukturelle Ansatz nach Feld das Prinzip der Partnerwahl erklären kann. Es konnten zwar auch teilweise die ökonomischen und evolutionspsychologischen Ansätze der Paarfindung bestätigt werden, jedoch ließ sich kein signifikanter Einfluss der elementarsten Annahmen nachweisen. So spielte zwar für Männer das Aussehen eine wichtigere Rolle als für Frauen, und auch Frauen war der Status des Partners wichtiger als Männern, jedoch stellten besagte Ergebnissen im Widerspruch zur Theorie nicht die wichtigsten Faktoren des Partnerwahlprozesses dar (vgl. Bauer / Ganser 2007: 15).

Auf Basis des biologischen Ansatzes nach Charles Darwin haben die Forscher Leonard Lee, George Loewenstein, Dan Ariely, James Hong und Jim Young (2008) die Attraktivitätsniveaus von Mitgliedern der Website „Hot or not?" analysiert. Die Annahme, dass attraktive Menschen nach ähnlich attraktiven Partnern suchen, konnte auch im Rahmen dieser Studie belegt werden. Im Vergleich zu Frauen ließen sich Männer deutlich häufiger von der Attraktivität des weiblichen Gegenübers beeinflussen. Oft wurden auch Partner bevorzugt, die noch etwas attraktiver waren als man selbst.

In Deutschland gilt Prof. Dr. Manfred Hassebrauck, seines Zeichens Professor für Sozialpsychologie an der Bergischen Universität Wuppertal, als Experte zum Thema Partnerwahl. Auch er kommt in seinem Werk „Alles über die Liebe" (2010) zu dem Ergebnis, dass Gegensätzlichkeit in einer Partnerschaft nicht förderlich ist. Unter dem Einbezug von Daten, welche ebenfalls von Mitglieder-Befragungen des Partnerportals *FriendScout24* stammen, kann er für die Vermutung, dass sich unterschiedliche Ansichten in Einstellungen und Interessen positiv oder zumindest neutral auf die Qualität einer Beziehung auswirken, keinerlei Bestätigung finden (vgl. Hassebrauck 2010: 132).

Es gibt jedoch auch Untersuchungsergebnisse, welche zumindest teilweise das Prinzip der Heterogamie bestätigen. Beispielsweise hat Steven Reiss (2002) empirisch belegen können, dass Partnereigenschaften zwar im Bereich der existenziellen Wertvorstellungen und sozialen Normen homogam, im Bereich der Hobbys und Interessen jedoch heterogam sind. Bei seinen langjährigen Untersuchungen, welche auf Daten von über 6.000 Männern und Frauen aus Japan, Kanada und den USA basierten, kreierte er eine vielschichtige Anordnung von homogamen Leitmotiven des Menschen. Reiss kam letztendlich zu der Erkenntnis, dass Paare mit überwiegend gleichen Wertvorstellungen signifikant häufiger in stabilen Beziehungen leben.

Auch Claus Wedekind und Sandra Füri (1997) von der Universität Bern stellten heterogame Mechanismen bei der Wahl des Partners fest. Nachdem im ersten Schritt eine Blutabnahme erfolgte, mussten Studentinnen an den Kleidungsstücken ihrer männlichen Kommilitonen riechen. Die Ergebnisse zeigten, dass sich die weiblichen Teilnehmer eher zu Männern hingezogen fühlten, deren Immunsystem sich extrem von dem eigenen unterschieden hat. Auch wenn diese Untersuchung kaum einen theoretischen Bezug zu den im Rahmen dieser Arbeit vorgestellten Ansätzen aufweisen kann, so ist es dennoch interessant zu sehen, welche weiteren Faktoren bei der Wahl eines Partners unter Umständen von großer Bedeutung sein können.

5 Datenerhebung

Dieses Kapitel befasst sich primär mit dem Prozess der Datenerhebung. Neben relevanten Informationen zur Konstruktion des Fragebogens soll außerdem noch die Operationalisierung der abhängigen und unabhängigen Variablen diskutiert werden.

Mit der Bitte um die Beantwortung eines eigens für diese Arbeit konzipierten Fragebogens wurden sämtliche „Erfolgspaare"[7] von *FriendScout24* via E-Mail kontaktiert. Dabei sollten auch diejenigen Paare berücksichtigt werden, deren Geschichte nicht im Zuge des Erfolgspaar-Programms auf der Website des Unternehmens[8] veröffentlicht wurde. Die erfragten Items des Bogens thematisierten größtenteils die Beziehung, die seiner Zeit mit Hilfe von *FriendScout24* zu Stande gekommen ist. Es sollten jedoch auch Informationen zum Thema Partnerschaften im Allgemeinen gesammelt werden. Der Fragebogen wurde mit Hilfe des Survey-Tools eQuestionnaire[9] erstellt und war vom 12.04.12 bis zum 12.05.12 online geschaltet.

Generell wurde die Befragung via Online-Survey aus zwei Gründen gewählt. Zum einen handelt es sich bei den potentiellen Probanden um Nutzer eines Online-Portals, welche dementsprechend auch eine gewisse Webaffinität mit sich bringen und somit keinerlei Probleme mit dem Ausfüllen des Bogens haben dürften. Zum anderen ist eine standardisierte Befragung im Internet die beste Möglichkeit, um mit geringem Kostenaufwand eine Vielzahl an Personen zu erreichen. Gerade im Zuge einer Bachelorarbeit stellt die Verfügbarkeit von finanziellen Mittel zu Forschungszwecken eine absolute Rarität dar. Ein enormes Problem bei der Verwendung eines standardisierten Online-Fragebogens ist jedoch nach wie vor der Prozess der Selbstselektion. Die Tatsache, dass Probanden bei freiwilligen Befragungen selbst entscheiden, ob sie sich beteiligen oder nicht, gefährdet unter Umständen die Repräsentativität der Ergebnisse. Fairerweise muss jedoch gesagt werden, dass Selbstselektion nicht nur ein Problem bei Online-Befragungen darstellt, da nahezu ausnahmslos jede Art der Befragung auf freiwilliger Teilnahme basiert.

---

[7] Es handelt sich dabei um Personen, die sich im Laufe der letzten Jahre bei besagter Online-Plattform abgemeldet haben, weil sie über das Internet einen neuen Lebenspartner finden konnten.
[8] http://www.friendscout24.de/success.html
[9] http://www.equestionnaire.de

Insgesamt wurden im Zuge der Befragung 1392 Personen personalisiert via E-Mail kontaktiert. 202 E-Mails konnten jedoch aufgrund von veralteten Kontaktdaten und überfüllten Postfächern nicht zugestellt werden. Dementsprechend konnte von technischer Seite sichergestellt werden, dass 1190 Personen den Link zum Fragebogen erhalten haben. Nach Abschluss der Feldphase und der anschließenden Bereinigung des Datensatzes, welche primär aus dem Entfernen von doppelten, scherzhaften und inhaltlich widersprüchlichen Einträgen bestand, konnten letztendlich 344 auswertbare Fragebögen gewonnen werden. Dies entspricht einer mehr als zufriedenstellenden Ausschöpfungsquote von 28,9%.

5.1 Konstruktion des Fragebogens

Der zu beantwortende Survey umfasste insgesamt elf HTML-Seiten, wobei die erste Seite nur als Einführung dienen sollte und dementsprechend keinerlei Fragen beinhaltete. Nach einem knappen thematischen Überblick zur Studie, der Bitte um vollständige Beantwortung sämtlicher Fragen sowie eines kurzen Verweises auf den Incentive, wurden zunächst ein paar allgemeine Fragen zur relevanten Partnerschaft gestellt. So wurde sowohl der Beginn als auch das potentielle Ende der Beziehung abgefragt. Diese Informationen waren zur Bildung der primären Kontrollvariable unverzichtbar. Des Weiteren wurden Informationen über die örtlichen Gegebenheiten der Beziehung gesammelt. Diese umfassten sowohl die damalige als auch die jetzige Entfernung zum Wohnort des Partners. Ebenso konnte der Status des gemeinsamen Wohnens erfragt werden. Im nächsten Schritt sollte via fünf-stufiger Likert-Skala die Übereinstimmung mit dem Partner in Bezug auf diverse Wertvorstellungen wie Treue, Toleranz, Vertrauen, Ehrlichkeit und Respekt gemessen werden. Anschließend wurde ebenfalls via Likert-Skala erfragt, welche Faktoren für eine feste Beziehung generell von großer Bedeutung wären. Im Speziellen ging es hierbei um gemeinsame Interessen, gleiche Freundeskreise, identische Wertvorstellungen sowie Ähnlichkeiten bei Alter, Einkommen, Attraktivität und Bildungsgrad. Als nächstes sollte herausgefunden werden, wie intensiv die genannten Faktoren tatsächlich in der Beziehung zutreffend sind. Auch hierzu wurde via fünf-stufiger Likert-Skala die Zustimmung diverser Aussagen gemessen, die allesamt Bezug zu den in den vorherigen Fragen genannten Faktoren hatten. Ziel der beiden letztgenannten Frageblöcke war es, den Unterschied zwischen Soll- und Istzustand herauszufinden. Anhand der Differenz lässt sich ein reliabler Index bilden, welcher als Maß für die Beziehungszufriedenheit dienen kann. Die nächste Frage beinhaltete Informationen über das Freizeitverhalten der Probanden. So wurde gefragt, ob Aktivitäten wie Kinobesuche oder Sport überwiegend alleine, mit dem Partner, mit Freunden oder mit anderen Personen unternommen werden. Auf den finalen zwei Seiten des Fragebogens wurden schließlich noch Geschlecht, Alter, Größe, Gewicht, Einkommen, Religionszugehörigkeit, Nationalität, Bildungs- und Ausbildungsabschluss sowie die berufliche Stellung beider Partner erfasst. Auch die subjektive Einschätzung von Attraktivität, die Einstellung gegenüber gesunder Ernährung und die sportliche Aktivität sollten in diesem Zuge für beide Partner ermittelt werden.

Grundsätzlich wurde darauf geachtet, den Teilnehmern der Befragung bei ihren Antwortmöglichkeiten so viel Spielraum wie möglich zu lassen. Trotzdem wurde bei der Fragebogengestaltung des Öfteren mit Dropdown-Listen[10] gearbeitet, da diese sowohl eine nachträgliche Rekodierung als auch eine fehlerhafte Freitexteingabe oder gar das Überspringen von Fragen ohne deren angestrebte Beantwortung verhindern können. Zwar haben Dropdown-Listen den Nachteil, dass vereinzelte Fragen trotzdem einfach weitergeklickt werden, was nach wie vor in fehlerhaftem Antwortverhalten resultiert, jedoch kann man diesem Umstand mit einer ganz einfachen Methode entgegenwirken: Wenn eine verhältnisskalierte Variable an einem tendenziell eher unrealistischen Wert angesetzt wird, lassen sich etwaige Antwortverweigerungen schnell ausfindig machen[11]. Dementsprechend mussten im Nachhinein nur wenige Variablen zu Zwecken der Einheitlichkeit manuell rekodiert werden.

Was die optische Gestaltung des Surveys anbelangt, so wurde neben einer hellen Farbgebung vor allem darauf geachtet, themenrelevante Grafiken einzubinden. In jüngster Vergangenheit haben diverse Usertests gezeigt, dass die Benutzer von *Friend-Scout24* vor allem durch die Verwendung von Bildern dazu motiviert werden, einen Fragebogen bis zum Schluss auszufüllen. Dies lässt sich möglicherweise darin erklären, dass der grafische Input für die Auflockerung des grundsätzlich diszipliniert zu lösenden Surveys sorgt und der Beantwortung somit den bürokratischen Charakter nimmt. Auch bei der Textgestaltung musste auf Abwechslung geachtet werden: So wurden alle relevanten Schlüsselbegriffe fettgedruckt dargestellt, während besonders wichtige

---

[10] Unter einer Dropdown-Liste versteht man ein Steuerelement von grafischen Benutzeroberflächen, mit welcher der Benutzer einen Wert aus einer vorgegebenen Liste auswählen kann.
[11] Als Beispiel sei hier die Abfrage der Körpergröße genannt, welche bei 120 cm begonnen hat.

Hinweise zu einzelnen Fragen durch rote Schriftfarbe gekennzeichnet wurden. Dies diente zur Steigerung der Aufmerksamkeit sowie zur Betonung der antwortrelevanten Schlagwörter.

Die finale Version des Fragebogens umfasste somit insgesamt 67 Variablen. Vor dem Versand des Mailings nahmen zwölf Personen an einem Pre-Test des Surveys teil. Unter den Testkandidaten befanden sich sieben Männer und fünf Frauen aus verschiedenen Alters- und Bildungsschichten, welche den Bogen in durchschnittlich 8 Minuten beantworten konnten. Etwaige Unklarheiten traten dabei nur sporadisch auf und wurden durch minimale Umformulierungen bereits im Laufe der Pre-Test-Phase vollständig beseitigt.

5.2 Operationalisierung

Damit die aufgestellten Hypothesen gemessen werden können, muss im nächsten Schritt die Operationalisierung der relevanten Variablen erfolgen. Dabei soll vor allem auf die Einhaltung der Gütekriterien Objektivität, Reliabilität und Validität geachtet werden.

Zunächst muss die abhängige Variable der Untersuchung bestimmt werden. Diese soll für sämtliche Regressionsmodelle identisch sein, um maximale Vergleichbarkeit gewährleisten zu können. Da erforscht werden soll, welche Faktoren für die Zufriedenheit in einer Beziehung von Bedeutung sind, wird ein additiver Index aus sieben Variablen gebildet, welcher den Grad an Beziehungszufriedenheit konsistent wiedergeben kann[12]. Die einzelnen Variablen wurden mit Hilfe der Differenz aus Soll- und Istzustand von wichtigen Beziehungskomponenten konstruiert. Sie sollen zeigen, zu welchem Zufriedenheitsgrad gewisse Bedürfnisse innerhalb der Partnerschaft tatsächlich erfüllt werden können. So wurde erst auf einer Skala von 1 bis 5 gemessen, wie wichtig bestimmte Merkmale einer Beziehung generell sind. Danach wurde erhoben, inwieweit besagte Kriterien auch realisiert werden können. Erwähnenswert ist hierbei der Umstand, dass ein Bedürfnis, welches laut Fragebogen offensichtlich „mehr als

---

[12] Sämtliche Variablen des Index sowie eine Reliabilitätsanalyse befinden sich im Anhang auf Seite 65.

erfüllt"[13] wird, den Probanden nicht zwangsläufig glücklicher macht. Dementsprechend wurde die Erfüllung des Zufriedenheitsniveaus nur bis zum tatsächlich angegebenen Wichtigkeitsgrad berücksichtigt. Sämtliche Bedürfnisse, welche in der Praxis „mehr als erfüllt" werden, dürfen dementsprechend nicht zusätzlich gewichtet werden. Als Beispiel dieses methodischen Vorgehens soll hier das Kriterium des gemeinsamen Freundeskreises genannt werden: Wenn Person 1 gemeinsame Freunde generell eher unwichtig sind (2 von 5 Skalenpunkte), so wird sie der Umstand, dass sie und ihr Partner viele gemeinsame Freunde haben (5 von 5 Skalenpunkte), nicht zufriedener machen. Wenn jedoch Person 2 gemeinsame Freunde generell sehr wichtig sind (5 von 5 Skalenpunkte), so wird der Umstand, dass sie und ihr Partner keine gemeinsamen Freunde haben (1 von 5 Skalenpunkte), den Grad an Zufriedenheit drastisch senken. In der Analyse würde die einzelne Indexvariable von Person 1 aufgrund der maximalen Zufriedenheitserfüllung nun 0 betragen, während Person 2 eine 4 zugeteilt bekäme. Dementsprechend bedeutet eine hohe Differenz des Index eine größere Unzufriedenheit mit der Beziehung. Aus Gründen der intuitiven Logik wurde der Index jedoch vollständig umgepolt, so dass niedrige Werte in der Analyse für eine niedrige Beziehungszufriedenheit stehen, während hohe Werte für eine hohe Beziehungszufriedenheit stehen.

Die unabhängigen Variablen sind für jeden der vier thematisierten Ansätze zur Erklärung des Partnerwahlprozesses verschieden. Charles Darwin geht in seinem biologischen Ansatz davon aus, dass vor allem Menschen mit einem ähnlich hohen Attraktivitätsniveau zueinander finden. Der Grad an Attraktivität wurde sowohl für die Teilnehmer als auch für deren Partner mit Hilfe einer fünfstufigen Likert-Skala erfragt. Somit lässt sich herausfinden, welche Paare gleich attraktiv sind, und welche nicht. Diese Information wird in Form einer binären Variable dichotomisiert. Es muss jedoch an dieser Stelle auch erwähnt werden, dass die subjektive Einschätzung von fremder und eigener Attraktivität viele Probleme mit sich bringen kann. Beispielsweise beurteilt man sich selbst oft viel kritischer, als die Menschen um einen herum dies tun. Dementsprechend kann vor allem das eigene Selbstwertgefühl großen Einfluss auf die Bewertung der eigenen Attraktivität ausüben. Auch die Herabstufung der eigenen Attraktivität aus Gründen von falscher Bescheidenheit sorgt hier für eine mögliche Verzerrung des

---

[13] Ein Bedürfnis wird dann als „mehr als erfüllt" betrachtet, wenn die Differenz aus Soll- und Istzustand einen negativen Wertebereich annimmt. Dies ist der Fall, wenn die Ausprägung eines generellen Beziehungskriteriums stärker als benötigt ist.

Antwortverhaltens.[14] Es fällt ebenfalls sehr schwer, den eigenen Partner zu beurteilen, ohne dass Gefühle und Zuneigung die Skala nach oben hin verfälschen. Durch gemeinsame Erinnerungen und Erlebnisse kann der subjektive Eindruck von Schönheit durchaus verstärkt werden. Nichtsdestotrotz ist die direkte Abfrage des Attraktivitätsniveaus im Rahmen dieser Arbeit vollkommen ausreichend und adäquat. Eine weitere Möglichkeit, um die physische Vergleichbarkeit zweier Partner zu gewährleisten, ist die Berücksichtigung des Body-Mass-Index. Dieser wurde 1870 von dem belgischen Statistiker Adolphe Quetelet erfunden und gilt als Maßzahl für das Verhältnis zwischen Körpergewichts und Körpergröße. Durch die Differenz der jeweiligen BMIs lässt sich ein quantitativer Unterschied in Bezug auf das physische Auftreten der Individuen ausmachen. Es sei jedoch gesagt, dass der BMI keine reliable Aussage darüber treffen kann, ob bei der analysierten Person ein überproportionaler Fett- oder Muskelanteil vorliegt. Diese Unterscheidung wäre aber in Bezug auf die Aussagekraft des Maßes von enormer Bedeutung. Die finalen Messergebnisse sind somit nur eingeschränkt brauchbar. Auch die Tatsache, dass Attraktivität nur bedingt von Größe und Gewicht abhängt, schmälert den Wirkungsgrad des Body-Mass-Index. Trotz seiner Defizite soll der BMI in die Analysen miteinbezogen werden. Zu guter Letzt werden noch Ernährungs- und Sportverhalten berücksichtigt. Hierzu wird untersucht, ob den beiden Partnern gesunde Ernährung gleich wichtig ist. Diesbezüglich wird in dichotomisierter Form beobachtet, ob bei den Paaren identische oder unterschiedliche Ernährungseinstellungen vorherrschen. Die dichotome Variable in Bezug auf das Sportverhalten liegt bereits ohne vorherige Transformation vor. So wurde gefragt, ob der Teilnehmer und dessen Partner mindestens einmal pro Woche Sport treiben. Bei abweichendem Sportverhalten ist davon auszugehen, dass der sportliche Partner mehr für sein Gewicht und seine physische Fitness tut, was sich letztendlich ebenfalls in gewissem Ausmaß in seiner Attraktivität widerspiegelt. Zusammengefasst lässt sich sagen, dass neben der direkten Abfrage des Attraktivitäts-Items auch sämtliche erhobenen Merkmale, welche sich in irgendeiner Art und Weise auf das physische Erscheinungsbild auswirken können, als unabhängigen Variablen in die Analyse miteinbezogen werden. Je mehr eine Person ihrem Partner optisch gleicht, desto zufriedener müsste sie letztendlich mit ihrer Beziehung sein.

Der strukturalistische Ansatz nach Scott L. Feld besagt, dass neben individuellen Präferenzen und Handlungen vor allem Gelegenheitsstrukturen die Wahl des Partners

---

[14] Aufgrund der für diese Studie gewählten Forschungsdesigns müsste dieser Umstand jedoch größtenteils ausgeschlossen werden können.

maßgeblich beeinflussen. Die soziale Umgebung, in denen sich besagte Strukturen abspielen, ist nicht zufällig gewählt, sondern hinsichtlich verschiedener Dimensionen bereits vorstrukturiert. Somit entstehen Beziehungen nicht durch Zufall, sondern aufgrund sozialer Regelmäßigkeiten. Da sich sämtliche Probanden über das Internet kennengelernt haben, ist davon auszugehen, dass die Mehrheit der Paare zu Beginn der Beziehung im klassischen Sinne keinen gemeinsamen Fokus miteinander teilte. Dennoch kann auch die soziale Lage als Indikator für die potentielle Reichweite der Foki dienen. Aufgrund der Tatsache, dass soziodemografische Merkmale wie Bildung, Nationalität oder Religionszugehörigkeit den Spielraum an Foki beschränken, lässt sich Felds Theorie in leicht abgewandelter Form durchaus auch mit den für die Studie erhobenen Items betrachten. Deshalb soll unter Einbezug der eben genannten Variablen in dichotomer Form überprüft werden, ob die auf dem Prinzip der Homogamie basierenden Überlegungen Felds in leicht modifizierter Form bestätigt werden können. Auch der Altersunterschied zwischen Proband und Partner soll als metrische Variable in die Analyse miteinbezogen werden. Des Weiteren wurde die Distanz zwischen den Partnern zum aktuellen Zeitpunkt bzw. Ende der Beziehung erhoben. Es kann vermutet werden, dass eine kurze Entfernung zwischen den beiden Wohnorten die Wahrscheinlichkeit eines Aufeinandertreffens in sozialem Kontext deutlich erhöht und somit gemeinsame Foki entstehen und gepflegt werden können. Zusammengefasst lässt sich somit sagen, dass elementare Gemeinsamkeiten als Basis für das Aufeinandertreffen in bestimmten sozialen Kreisen dienen. Die Wahrscheinlichkeit des Kennenlernens wird durch den gemeinsamen Hintergrund deutlich erhöht, was nicht nur zum Treffen an sich sondern auch zur Stabilisierung des zwischenmenschlichen Kontakts führt. Die soziodemografischen Items müssten sich somit bei vorherrschender Homogenität positiv auf die Zufriedenheit in der Beziehung auswirken.

Der evolutionspsychologische Ansatz nach David M. Buss geht davon aus, dass beim Prozess der Partnerwahl ein bestimmter Austausch zwischen Mann und Frau stattfindet. Während Männer darauf wertlegen, dass ihre Partnerin jung und attraktiv ist, um für bestmögliche Nachkommen zu sorgen, so steht für die Frau der ökonomische Reichtum ihres Partners an erster Stelle. Dieser wird benötigt, um sich selbst und den potentiellen Nachwuchs längerfristig versorgen zu können. Für diese Hypothese werden Variablen bezüglich Attraktivität, monatliches Nettoeinkommen sowie Alter des Partners zum Zeitpunkt des Kennenlernens für Männer und Frauen getrennt betrachtet. Auch der BMI soll erneut zum Einsatz kommen, dieses Mal jedoch nicht als Differenzbetrag, weil das Item sich in diesem Fall nur auf jeweils einen der beiden Partner beziehen soll. Stattdessen wird die Abweichung des Idealwerts ermittelt, welcher laut WHO bei 22 liegt (vgl. World Health Organization 2002). Bewahrheitet sich die Theorie, so müssten für Männer das Alter und die Attraktivität ihrer Partnerin signifikant auf die Beziehungszufriedenheit wirken, während für Frauen der Reichtum an finanziellen Ressourcen des Partners zur Beziehungszufriedenheit beitragen wird. Zusammengefasst lässt sich somit sagen, dass der Ansatz nur bestätigt werden kann, wenn der Austausch auch für beide Geschlechter stattfindet. Wird nur eines der beiden Bedürfnisse erfüllt, kann nicht von einem Tauschgeschäft gesprochen werden und die Hypothese muss abgelehnt werden.

Gary S. Beckers ökonomischer Ansatz besagt, dass primär die Erreichung des maximalen ökonomischen Nutzenniveaus innerhalb einer Partnerschaft für Stabilität und Zufriedenheit sorgt. Besagte Maximierung funktioniert laut Becker am besten, wenn der Prozess der Spezialisierung vollständig berücksichtigt wird. So wäre es am sinnvollsten, wenn einer der beiden Partner sich komplett um den Haushalt kümmert, während der andere einzig und allein der Erwerbsarbeit nachgeht, um somit den gemeinsamen. Bei der Abfrage des Berufs konnte man in der Dropdown-Liste des Surveys auch Hausmann bzw. Hausfrau angeben. Dementsprechend kann eine dichotome Variable gebildet werden, welche den Zustand der Spezialisierung beschreibt. Auf diese Art und Weise soll herausgefunden werden, welche Paare das Konzept von Gary S. Becker realisieren, und welche nicht. Berücksichtigt werden dabei selbstverständlich nur Paare, die während ihrer Beziehung einen gemeinsamen Haushalt führten. Zusätzlich soll noch die Einkommensdifferenz der beiden Partner betrachtet werden. Auch hierbei könnte man annehmen, dass eine große Differenz für eine ungleiche Verteilung der Hausarbeit steht, da der für die Hausarbeit zuständige Partner kaum Zeit für zusätzliche Erwerbsmöglichkeiten haben dürfte. Zusammengefasst lässt sich somit sagen, dass die gemeinsame Nutzenmaximierung für die Zufriedenheit in einer Beziehung von elementarer Bedeutung ist. Dementsprechend müsste eine arbeitsteilige Partnerschaft die Basis für eine glückliche Beziehung bilden.

Abschließend müssen noch die Kontrollvariablen operationalisiert werden. Neben dem Geschlecht und dem Alter der befragten Personen soll auch die Dauer der Beziehung berücksichtigt werden. Dies ist notwendig, weil davon ausgegangen werden kann, dass klassische Beziehungsprobleme und unerfüllte Bedürfnisse zu Beginn einer neuen Partnerschaft noch durch einen hohen Grad an frischer Verliebtheit kompensiert werden. Der Zeitraum der Beziehung wurde im Survey monatsgenau erfasst. Sowohl der Anfang als auch gegebenenfalls das Ende der Beziehung wurde gleich zu Beginn des Bogens abgefragt. Für den Fall, dass eine Beziehung bereits vorbei ist, wurde der Zeitraum der bestehenden Partnerschaft errechnet. Noch bestehende Beziehungen wurden hingegen vom Zeitpunkt des Beziehungsanfangs bis zum Ende der Datenerhebung am 1. Mai 2012 berücksichtigt.

6 Auswertung

Bevor die verschiedenen Theorien im Detail auf ihren empirischen Gehalt untersucht werden, soll zunächst ein deskriptiver Überblick über diejenigen Faktoren gegeben werden, die den befragten Personen in einer Partnerschaft generell wichtig sind. Auf diese Art und Weise kann bereits vor den Regressionsanalysen festgestellt werden, welche Merkmale einer Partnerschaft grundsätzlich einen hohen Stellenwert für die Probanden besitzen.

Abbildung 1: Allgemein wichtige Komponenten einer Partnerschaft

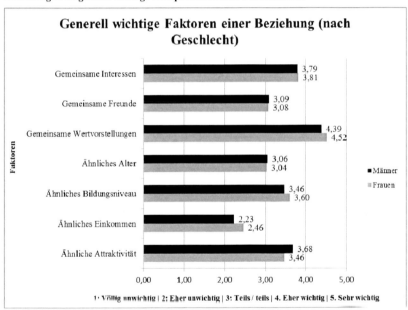

Sowohl den männlichen als auch den weiblichen Probanden sind gemeinsame Wertvorstellungen in einer Beziehung am wichtigsten. Für Männer liegt der Durchschnitt bei 4,39 Punkten, während die Wichtigkeit bei den Frauen mit durchschnittlich 4,52 Punkten sogar noch höher bewertet wird. Dies lässt vermuten, dass zumindest die elementare Basis einer Beziehung in homogenen Lebensansichten begründet liegt. Auch gemeinsame Interessen sowie ein ähnliches Niveau an Attraktivität und Bildung wird von den befragten Personen tendenziell als eher wichtig betrachtet. Diese Faktoren würden sowohl für den biologischen als auch für den strukturellen Ansatz sprechen. Mit durchschnittlich 2,23 Punkte für die Männer und 2,46 Punkten für die Frauen scheint ein ähnliches Einkommen innerhalb einer Partnerschaft am unwichtigsten zu sein. Dieses Ergebnis stützt prinzipiell den ökonomischen Ansatz, da dort aufgrund der Arbeitsteilung im Haushalt von einem Ungleichgewicht der ökonomischen Ressourcen ausgegangen wird. Es muss jedoch bedacht werden, dass die hier getroffenen Erkenntnisse nur auf den generellen Wertvorstellungen der Probanden basieren, die auf Partnerschaften im Allgemeinen abzielen. Im Folgenden sollen umfangreichere Analysen noch genauere Informationen über das tatsächliche Beziehungsverhalten liefern.

Der biologische Ansatz nach Charles Darwin besagt, dass bei der Partnerwahl primär Personen zusammenfinden, welche sich in ihrer Attraktivität ähneln. So soll vor allem die Weitergabe von bestmöglichem Erbgut den Zusammenhalt des Paares stärken.

Abbildung 2: Abweichung des Attraktivitätsniveaus der erfassten Paare

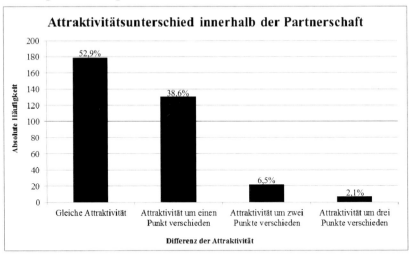

Wie man sieht, gaben 52,9% aller befragten Personen an, dass sie und ihr Partner das selbe Attraktivitätsniveau besitzen. Bei 38,6% der Probanden wird einer der Partner um einen Punkt als attraktiver eingestuft. Nur 6,5% der Teilnehmer gaben einen Attraktivitätsunterschied von zwei Punkten an, während 2,1% der Befragten sogar drei Punkte Unterschied vermerkt haben. Auf den ersten Blick scheint es, als ob der biologische Ansatz durchaus zutreffend ist. Wenn man annimmt, dass es bei den Paaren mit nur einem Punkt Unterschied zu den bereits erläuterten Verzerrungen hinsichtlich der subjektiven Wahrnehmung kommt, würde der Anteil an gleich attraktiven Partnern unter Umständen sogar noch höher liegen. Darwins Theorie scheint somit zumindest für den grundsätzlichen Paarbildungsmechanismus zu stimmen.

Ob das Zusammenfinden zweier gleich attraktiver Partner auch für eine zufriedene Beziehung sorgt, soll mit Hilfe linearen Regression geklärt werden.

Tabelle 1: Lineares Regressionsmodell: Einflussfaktoren des biologischen Ansatzes auf die Beziehungszufriedenheit

	Beziehungszufriedenheit
Regressoren	Linearer Einfluss
Dummy: Attraktivität	0,621*
Differenz: BMI	-0,075†
Dummy: Sport	0,324
Dummy: Ernährung	0,414
(Konstante)	8,388***
R^2 (korrigiert)	0,169
F	4,370***
N	317

Unter Kontrolle auf Alter, Geschlecht, Beziehungsdauer

Wert in Zellen zeigt ß-Koeffizienten. P-Wert: *** $p < 0.001$, ** $p < 0.01$, * $p < 0.05$, † $p < 0.10$

Das korrigierte R^2 liegt bei 0,169. Dies bedeutet, dass 16,9% der Varianz der Beziehungszufriedenheit durch die unabhängigen Variablen erklärt werden. Das Modell weißt somit eine niedrige bis mittlere Güte auf. Der F-Test ist mit einem p-Wert von 0,000 höchst signifikant. Somit trägt mindestens eine der Variablen zur Erklärung der Beziehungszufriedenheit bei. Neben der Attraktivität kann auch der BMI einen signifikanten Einfluss auf die Beziehungszufriedenheit vorweisen. Personen, die eine Beziehung führen, in welcher beide Partner gleich attraktiv sind, sind im Vergleich zu Personen ohne gleich attraktiven Partner um 0,621 Skalenpunkte zufriedener mit ihrer Beziehung[15]. Die Differenz des Body-Mass-Index wirkt sich hingegen negativ auf die Beziehungszufriedenheit aus: So nimmt diese mit jeder abweichenden BMI-Einheit um 0,075 Punkte ab. Dieser negative Zusammenhang ist mit einem p-Wert von 0,078 auf dem 10%-Niveau signifikant.

---

[15] p-Wert = 0,042.

Die Ergebnisse des ersten Regressionsmodells zeigen somit, dass sich Ähnlichkeiten im Attraktivitätsniveau positiv auf die Beziehungszufriedenheit auswirken. Personen, die in einer Partnerschaft mit ähnlichem Grad an Attraktivität leben, sind zufriedener mit ihrer Beziehung, als Personen, die in einer Partnerschaft mit unterschiedlichem Attraktivitätniveau leben. Dies bedeutet, dass Charles Darwins Ansatz durchaus empirisch bestätigt werden kann. Die erste Hypothese soll somit vorerst beibehalten werden.

Der strukturalistische Ansatz nach Feld besagt, dass Paare aufgrund von sozialen Regelmäßigkeiten zusammenfinden. Diese Regelmäßigkeiten werden durch soziodemografischen Merkmalen und geographische Nähe begünstigt. Sowohl die örtliche als auch die merkmalsbezogene Homogenität führen zur Eingrenzung der potentiellen Foki, welche durch ihren wiederholenden Charakter für die Stabilität in zwischenmenschlichen Beziehungen verantwortlich gemacht werden können.

Abbildung 3: Homogenität von soziodemografischen Merkmalen

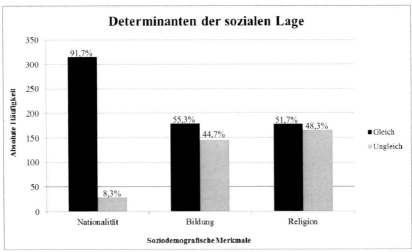

Ein Blick auf die Homogenität der soziodemografischen Merkmale verrät, dass sich Paare vor allem in ihrer Nationalität ähneln. Ganze 91,7% der Paare besitzen die gleiche Staatsbürgerschaft, während nur 8,3% der Befragten unterschiedlichen Nationen angehören. Auch das Bildungsniveau und die Religionszugehörigkeit sind überwiegend homogen verteilt. So haben 55,3% der Paare eine ähnlich hohe Bildung, während 44,7%

der befragten Personen in ungleichen Bildungsverhältnissen lebt. Die religiöse Zugehörigkeit ist hier ähnlich proportional verteilt. Insgesamt 51,7% der Probanden teilen mit ihrem Partner dieselbe Konfession, während im Gegenzug 48,3% der Befragten in konfessionsübergreifende Partnerschaften leben. Tendenziell lässt sich Felds Hypothese damit bestätigen: Paare ähneln sich überwiegend in ihren soziodemografischen Eigenheiten.

Inwieweit sich diese Erkenntnis auch auf die Zufriedenheit der Beziehung auswirkt, soll mit Hilfe einer Regression herausgefunden werden.

Tabelle 2: Lineares Regressionsmodell: Einflussfaktoren des strukturalistischen Ansatzes auf die Beziehungszufriedenheit

Regressoren	Beziehungszufriedenheit
	Linearer Einfluss
Entfernung (in 1000 km)	-0,404*
Differenz: Alter	0,009
Dummy: Bildung	0,472
Dummy: Nationalität	-0,777
Dummy: Religion	0,234
(Konstante)	8,880***
R^2 (korrigiert)	0,069
F	3,788***
N	301

Unter Kontrolle auf Alter, Geschlecht, Beziehungsdauer
Wert in Zellen zeigt ß-Koeffizienten. P-Wert: *** $p < 0.001$, ** $p < 0.01$, * $p < 0.05$, † $p < 0.10$

Das korrigierte R^2 liegt bei 0,069. Dies bedeutet, dass 6,9% der Varianz der Beziehungszufriedenheit durch die unabhängigen Variablen erklärt werden. Das Modell weißt somit eine eher niedrige Güte auf. Der F-Test ist mit einem p-Wert von 0,000 höchst signifikant. Somit trägt mindestens eine der Variablen zur Erklärung der Beziehungszufriedenheit bei. Die Enfernung zwischen den Wohnorten beider Partner übt einen signifikanten Einfluss auf die Zufriedenheit in der Beziehung aus[16]. Jeder Kilometer, den die beiden Partner voneinander getrennt leben, senkt den Grad der Zufriedenheit um 0,000404 Punkte. In einer Fernbeziehung mit einer zu überwindenden Distanz von 1000 km würde die Beziehungzufriedenheit somit um 0,404 Punkte sinken. Ein signifikanter Einfluss von soziodemografischen Merkmalen kann in diesem Fall nicht belegt werden.

---

[16] p-Wert = 0,029.

Die Ergebnisse des zweiten Regressionsmodells zeigen, dass sich vor allem örtliche Nähe positiv auf die Beziehungszufriedenheit auswirkt. Es ist anzunehmen, dass zusammenlebende Paare und Paare mit kurzer Distanz zwischen den jeweiligen Wohnorten häufiger gemeinsame soziale Schauplätze miteinander teilen, als Paare, die mit einer großen geographischen Distanz zu kämpfen haben. Dementsprechend dürfte regelmäßiger physischer Kontakt zweier Partner die Zufriedenheit innerhalb der Beziehung fördern, während ein Mangel an gemeinsamen sozialen Szenarien zu Frustration führt. Felds strukturalistischer Ansatz in abgewandelter Form kann somit nur teilweise bestätigt werden: Die Hypothese muss deshalb vorerst abgelehnt werden.

Der sozialpsychologische Ansatz nach Buss besagt, dass zwischen bei der Wahl des Partners eine Art Tauschgeschäft zwischen Mann und Frau eingegangen wird. Während für Männer das Aussehen und das damit verbundene junge Alter der Partnerin von enormer Bedeutung ist, zählt für Frauen vor allem ökonomische Absicherung. Sie sehnen sich nach einem Partner, der sie und den potentiellen Nachwuchs längerfristig versorgen kann.

Abbildung 4: Durchschnittliches Nettoeinkommen nach Geschlecht

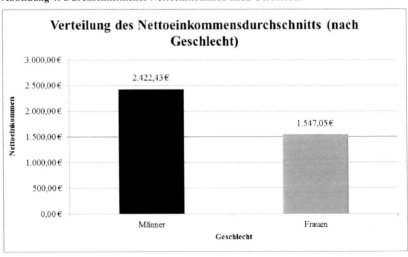

Ein Blick auf das durchschnittliche Nettoeinkommen der Paare unter Berücksichtigung des Geschlechts offenbart, dass Männer 2.422,43 Euro im Monat verdienen, während Frauen nur 1.547,05 Euro pro Monat erhalten. Dies bedeutet, dass die Männer insgesamt 875,38 Euro mehr im Monat verdienen als ihre Partnerinnen. Die erste Vorraussetzung für Buss' Theorieansatz kann somit zumindest deskriptiv bestätigt werden: Der männliche Partner verdient 56,6% mehr Geld im Monat, was unter normalen Verhältnissen für die finanzielle Absicherung des gesamten familiären Haushalts ausreichen müsste. Die Ressourcenstärke des Mannes ist somit gegeben.

Im nächsten Schritt soll nun die Verteilung des Altersdurchschnitts betrachtet werden.

Abbildung 5: Durchschnittliches Alter nach Geschlecht

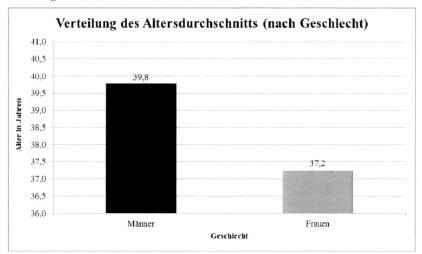

Ein Blick auf das durchschnittliche Alter der Paare unter Berücksichtigung des Geschlechts offenbart, dass Männer 39,8 Jahre alt sind, während Frauen durchschnittlich nur 37,2 Jahre alt sind. Dies bedeutet, dass Männer durchschnittlich 2,4 Jahre älter sind. Die zweite Vorraussetzung für Buss' Theorieansatz kann somit ebenfalls deskriptiv bestätigt werden: Der Mann sucht sich eine jüngere Partnerin, um die bestmöglichen Voraussetzungen für eine erfolgreiche Fortpflanzung zu schaffen. Zwar ist der Unterschied zwischen den beiden Geschlechtern nicht sonderlich groß, die Theorie liefert jedoch auch keine konkreten Angaben zur erforderlichen Altersdifferenz, was darin begründet liegen könnte, dass der Prozess des Alterns bei jedem Menschen auf andere Art und Weise sichtbar wird.

Als letztes soll nun noch die Verteilung des Attraktivitätsdurchschnitts betrachtet werden:

Abbildung 6: Durchschnittliche Attraktivität nach Geschlecht

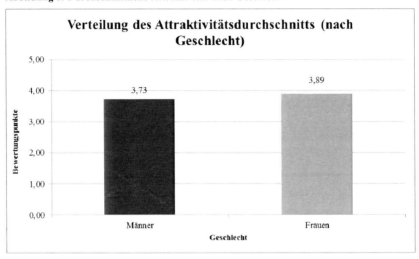

Ein Blick auf die durchschnittliche Attraktivität zeigt, dass Männer sich im Mittel mit 3,73 Punkten bewertet haben, während sich Frauen mit 3,89 Punkten einstuften. Dies bedeutet, dass sich die Männer im Vergleich zu den Frauen nur um insgesamt 0,16 Punkte unattraktiver bewertet haben. Die dritte Vorraussetzung für Buss' Theorieansatz kann somit nur sehr schwach deskriptiv bestätigt werden. Es wäre anzunehmen gewesen, dass der Unterschied deutlich mehr zu Gunsten der Frau ausfällt. Somit ist jedoch kaum ein Unterschied zwischen den beiden Geschlechtern auszumachen.

Eine lineare Regression soll nun Klarheit darüber schaffen, ob sich die einzelnen Komponenten des besagten Austausches auf die Beziehungszufriedenheit auswirken. Dies geschieht mit Hilfe von zwei identischen Modellen, welche jedoch getrennt nach Geschlecht betrachtet werden. Im ersten Schritt werden daher nur die Männer berücksichtigt.

Tabelle 3: Lineares Regressionsmodell: Einflussfaktoren des sozialpsychologischen Ansatzes auf die Beziehungszufriedenheit – männliche Probanden

Regressoren	Beziehungszufriedenheit Linearer Einfluss
Einkommen (in 1000 €) - Partner	0,299
Attraktivität - Partner	0,598
Abweichumg vom idealen BMI - Partner	0,058
Alter zum Kennenlernzeitpunkt - Partner	-0,067
(Konstante)	8,147**
R^2 (korrigiert)	0,016
F	1,205
N	78

Unter Kontrolle auf Alter, Beziehungsdauer
Wert in Zellen zeigt ß-Koeffizienten. P-Wert: *** $p < 0.001$, ** $p < 0.01$, * $p < 0.05$, † $p < 0.10$

Das korrigierte R^2 liegt bei 0,016. Dies bedeutet, dass nur 1,6% der Varianz der Beziehungszufriedenheit durch die unabhängigen Variablen erklärt werden. Der F-Test ist mit einem p-Wert von 0,314 nicht signifikant. Somit trägt keine der Variablen zur Erklärung der Beziehungszufriedenheit bei.

Die Ergebnisse des dritten Regressionsmodells zeigen, dass die weibliche Attraktivität und junges Alter keinerlei Einfluss auf die Beziehungszufriedenheit ausüben. Dies bedeutet, dass Buss' Ansatz bereits zum jetzigen Zeitpunkt nicht mehr vollständig bestätigt werden kann. Nichtsdestotrotz soll dasselbe Modell auch für die weiblichen Probanden getestet werden.

Tabelle 4: Lineares Regressionsmodell: Einflussfaktoren des sozialpsychologischen Ansatzes auf die Beziehungszufriedenheit – weibliche Probanden

Regressoren	Beziehungszufriedenheit Linearer Einfluss
Einkommen (in 1000 €) - Partner	-0,360**
Attraktivität – Partner	1,087***
Abweichumg vom idealen BMI - Partner	0,107
Alter zum Kennenlernzeitpunkt - Partner	0,030
(Konstante)	2,870†
R^2 (korrigiert)	0,218
F	6,775***
N	125

Unter Kontrolle auf Alter, Beziehungsdauer
Wert in Zellen zeigt ß-Koeffizienten. P-Wert: *** $p < 0.001$, ** $p < 0.01$, * $p < 0.05$, † $p < 0.10$

Das korrigierte R^2 liegt bei 0,218. Dies bedeutet, dass 21,8% der Varianz der Beziehungszufriedenheit durch die unabhängigen Variablen erklärt werden. Das Modell weißt somit eine mittelhohe Güte auf. Der F-Test ist mit einem p-Wert von 0,000 höchst signifikant. Somit trägt mindestens eine der Variablen zur Erklärung der Beziehungszufriedenheit bei. Sowohl das Einkommen des Mannes als auch dessen Attraktivität können einen signifikanten Einfluss auf die Beziehungszufriedenheit vorweisen. Bemerkenswert ist jedoch die Richtung der Zusammenhänge. So nimmt die Zufriedenheit in der Beziehung mit jedem Euro, den der Mann verdient, um 0,000360 Punkte ab[17]. Laut diesem Ergebnis wäre somit von Vorteil, wenn der männliche Partner nicht im Besitz des von Buss' als elementar wichtig eingestuften Ressourcenreichtums ist. Auch die Attraktivität des Mannes übt einen positiven Einfluss auf die Beziehungszufriedenheit aus: So erhöht sich die Zufriedenheit in der Beziehung mit jedem zusätzlichen Grad an Attraktivität um insgesamt 1,087 Punkte[18]. Laut Buss wäre davon auszugehen, dass die männliche Attraktivität keinen drastischen Einfluss auf das Beziehungsglück nehmen sollte. Viel erstaunlicher ist jedoch das Ergebnis, dass der Ressourcenreichtum des Mannes scheinbar keine Rolle für die Zufriedenheit in einer Beziehung spielt. Im Gegenteil, ein hohes Einkommen wirkt sich sogar kontraproduktiv auf die Beziehungszufriedenheit aus.

Die Resultate des dritten und vierten Regressionsmodells zeigen, dass weder die Attraktivität der Frau noch das Einkommen des Mannes auf erwartete Weise Einfluss auf die Beziehungszufriedenheit nimmt. Es konnte sogar gezeigt werden, dass sich ein hohes Einkommen auf Seiten des Mannes negativ auf die Beziehungszufriedenheit der Frau auswirkt. Des Weiteren scheint sich vor allem die Attraktivität des männlichen Partners positiv auf das Beziehungsglück der Frau auszuwirken. Die weibliche Attraktivität hingegen hat keinen signifikanten Einfluss auf die Beziehungszufriedenheit der männlichen Probanden. Dies bedeutet, dass Buss' Ansatz unter keinen Umständen empirisch bestätigt werden kann. Die Hypothese muss somit vorerst abgelehnt werden.

Der ökonomische Ansatz nach Becker besagt, dass Beziehungen im Vergleich zu anderen Lebensformen einen höheren wirtschaftlichen Ertrag erzielen können, da durch den Prozess der Arbeitsteilung und die damit verbundenen spezialisierten Aufgabengebiete beider Partner der Nutzen des Haushalts maximiert wird. Dementsprechend wird

---

[17] p-Wert = 0,007.
[18] p-Wert = 0,000.

der meiste Nutzen erzielt, wenn einer der beiden Partner die Hausarbeit erledigt, während der andere der Erwerbsarbeit nachgeht. Die damit erzielte Maximierung des Nutzens wirkt sich schließlich positiv auf die Zufriedenheit in der Beziehung aus. Zunächst soll ein kurzer Blick auf die Verteilung der Paare nach Status der Spezialisierung im Haushalt geworfen werden.

Abbildung 7: Verteilung der Haushalte mit vollständiger Arbeitsteilung

Ein Blick auf die Verteilung der Haushalte mit vollständiger Arbeitsteilung zeigt, dass nur 7,9% der zusammenlebenden Paare eine strikte Spezialisierung vorweisen können. Bei 92,1% der Paaren ist keiner der beiden Partner rein für die Hausarbeit zuständig. Die traditionellen Muster der Rollenverteilung, bei denen ein Partner den Haushalt führt, während der andere für den Broterwerb sorgt, scheinen heutzutage kaum mehr Bestand zu haben. Aus diesem Grund kann Beckers Theorie in Bezug auf den Aspekt des Paarbildungsmechanismus zumindest aus rein deskriptiver Sicht nicht bestätigt werden.

Eine lineare Regression soll nun Auskunft darüber geben, ob die Spezialisierung im Haushalt sich auf die Zufriedenheit in der Beziehung auswirkt.

Tabelle 5: Lineares Regressionsmodell: Einflussfaktoren des ökonomischen Ansatzes auf die Beziehungszufriedenheit

Regressoren	Beziehungszufriedenheit
	Linearer Einfluss
Dummy: Arbeitsteilung im Haushalt	1,483*
Differenz: Einkommen (in 1000 €)	-0,240†
(Konstante)	10,592***
R^2 (korrigiert)	0,185
F	1,512***
N	156

Unter Kontrolle auf Alter, Geschlecht, Beziehungsdauer
Wert in Zellen zeigt ß-Koeffizienten. P-Wert: *** $p < 0.001$, ** $p < 0.01$, * $p < 0.05$, † $p < 0.10$

Das korrigierte R^2 liegt bei 0,185. Dies bedeutet, dass 18,5% der Varianz der Beziehungszufriedenheit durch die unabhängigen Variablen erklärt werden. Das Modell weißt somit eine niedrige bis mittelhohe Güte auf. Der F-Test ist mit einem p-Wert von 0,000 höchst signifikant. Somit trägt mindestens eine der Variablen zur Erklärung der Beziehungszufriedenheit bei. Sowohl die Arbeitsteilung im Haushalt als auch die Differenz im Einkommen können einen signifikanten Einfluss auf die Beziehungs-zufriedenheit vorweisen. Auch hier kann ein negativer Zusammenhang zwischen Einkommen und Beziehungsglück festgestellt werden: Mit jedem Euro Unterschied sinkt die Zufriedenheit in der Beziehung um 0,000240 Punkte[19]. Weitaus größeren Einfluss übt jedoch der Status der Spezialisierung aus: Personen, in deren Haushalt eine strikte Arbeitsteilung herrscht, sind um 1,483 Punkte zufriedener mit ihrer Beziehung als Personen ohne Spezialisierung im Haushalt[20]. Strikte Arbeitsteilung im Haushalt kann somit im Vergleich zu den Regressoren der bisherigen Modelle den stärksten Effekt auf die Zufriedenheit innerhalb einer Beziehung vorweisen.

Die Resultate des fünften Regressionsmodells zeigen, dass das klassische Rollenbild, in dem ein Partner den Haushalt führt, während der andere dem Broterwerb nachgeht, für die Beziehungszufriedenheit von großer Bedeutung ist. Beckers Theorie kann somit bestätigt werden: Personen, die in einer Beziehung mit Spezialisierung im Haushalt leben, sind glücklicher als Personen, in deren Beziehung keine strikte Trennung von Hausarbeit und Erwerbsarbeit herrscht. Die Hypothese wird daher vorerst beibehalten.

---

[19] p-Wert = 0,078.
[20] p-Wert = 0,044.

Um die Effektivität der Theorien untereinander vergleichen zu können, soll im letzten Schritt ein Modell mit allen bisher verwendeten Variablen betrachtet werden. Aufgrund der Tatsache, dass der sozialpsychologische Ansatz in einer linearen Regression nur unter der getrennten Betrachtung beider Geschlechter analysiert werden darf, kann Buss' Theorie im finalen Modell jedoch keine Berücksichtigung finden.

Tabelle 6: Lineares Regressionsmodell: Einflussfaktoren der biologischen, strukturalistischen und ökonomischen Ansätze auf die Beziehungszufriedenheit

	Beziehungszufriedenheit
Regressoren	**Linearer Einfluss**
Dummy: Attraktivität	0,338
Differenz: BMI	-0,069
Dummy: Sport	0,213
Dummy: Ernährung	0,511
Entfernung (in 1000 km)	-0,728†
Differenz: Alter	-0,025
Dummy: Bildung	0,494
Dummy: Nationalität	-0,580
Dummy: Religion	0,357
Dummy: Arbeitsteilung im Haushalt	1,838*
Differenz: Einkommen (in 1000 €)	-0,348
(Konstante)	9,765***
R^2 (korrigiert)	0,142
F	2,408**
N	186

Unter Kontrolle auf Alter, Geschlecht, Beziehungsdauer

Wert in Zellen zeigt ß-Koeffizienten. P-Wert: *** $p < 0.001$, ** $p < 0.01$, * $p < 0.05$, † $p < 0.10$

Das korrigierte R^2 liegt bei 0,142. Dies bedeutet, dass 14,2% der Varianz der Beziehungszufriedenheit durch die unabhängigen Variablen erklärt werden. Das Modell weißt somit eine niedrige bis mittelhohe Güte auf. Der F-Test ist mit einem p-Wert von 0,000 höchst signifikant. Somit trägt mindestens eine der Variablen zur Erklärung der Beziehungszufriedenheit bei. Es ist zu beobachten, dass die Effekte von Attraktivität, BMI und Einkommensdifferenz nicht mehr signifikant sind. Weiterhin signifikant sind hingegen die Entfernung der beiden Partner[21] sowie der Status der Spezialisierung im Haushalt. Letztere kann mit 1,838 und einem p-Wert von 0,019 nach wie vor den stärksten Einfluss auf die Beziehungsdauer ausüben. Im Vergleich zum vorherigen Modell verstärkt sich besagter Einfluss sogar um 0,355. Dem Gesamtmodell zu Folge

---

[21] p-Wert = 0,067.

sind Personen, in deren Partnerschaft eine strikte Trennung zwischen Hausarbeit und Erwerbsarbeit vorliegt, um 1,838 Punkte zufriedener als Personen, in deren Partnerschaft keine derartige Trennung existiert.

Die Ergebnisse des sechsten Regressionsmodells zeigen, dass sich sowohl eine geringe Entfernung der beiden Wohnorte als auch strikte Arbeitsteilung positiv auf die Beziehungszufriedenheit auswirken. Dies bedeutet, dass Felds Ansatz in abgewandelter Form teilweise, und Beckers Überlegungen vollständig empirisch belegen lassen. Darwins Attraktivitätstheorie kann im Gesamtmodell kein signifikanter Einfluss mehr nachgewiesen werden.

7 Fazit

Diese Arbeit beschäftigte sich mit der Frage, welche Determinanten einer Beziehung für die Zufriedenheit in einer Partnerschaft von Bedeutung sind. Wenn man nun die Ergebnisse der Analysen betrachtet, so lässt sich dafür in Bezug auf die vorgestellten makrotheoretischen Konzepte von Homogamie und Heterogamie keine klare Antwort finden. Zwar konnte gezeigt werden, dass homogame Ansätze wie Darwins Attraktivitätshypothese und Felds Fokustheorie zumindest teilweise empirischen Gehalt aufweisen, jedoch konnte ebenso bewiesen werden, dass das heterogame Konzept der ökonomischen Nutzenmaximierung nach Becker zur Erklärung des Beziehungsglücks beiträgt. Lediglich die austauschtheoretischen Überlegungen von David M. Buss konnten hinsichtlich der Entstehung von Beziehungszufriedenheit in keinem einzigen Punkt bestätigt werden. In der Praxis ist davon auszugehen, dass eine Mischung aus homogamen und heterogamen Attributen und Verhaltensweisen zur angestrebten Zufriedenheit in der Beziehung führt. Jedoch gibt es kein universelles Rezept für die Aufrechterhaltung von Harmonie und vollständiger Bedürfnisbefriedigung in einer Partnerschaft. Aus diesem Grund ist Liebe nur bedingt berechenbar, denn die Formel für das ultimative Beziehungsglück scheint für jedes Paar verschieden zu sein.

Die Aussagekraft dieser Arbeit ist selbstverständlich nur mit Einschränkungen zu genießen. Da sich sämtliche Probanden der Studie online kennengelernt haben, können die Ergebnisse der Analysen beispielsweise nur bedingt als Erklärung für den physischen Akt der Partnerwahl betrachtet werden. Das Internet nimmt hier jedoch eine Sonderstellung ein, weil es über eine wichtige Komponente verfügt, welche man in der realen Welt in einem derartigen Ausmaß nicht ohne weiteres vorfinden kann: Anonymität. Online kann man sich als völlig andere Person ausgeben. Dies hat zur Folge, dass die reale Existenz und die virtuelle Existenz unter Umständen komplett voneinander abweichen. Während man im realen Leben gewisse Hemmschwellen und geographische Grenzen erfährt, scheinen diese im Schutz der Anonymität wie ausgelöscht. Auch die Kontaktknüpfung mit Leuten verschiedenster Milieus und Schichtzugehörigkeiten läuft in den Weiten des World Wide Webs weitaus flüssiger ab, als dies in der realen Welt der Fall sein kann. Obendrein funktioniert Kommunikation im Netz oftmals zeitlich versetzt, was den beteiligten Akteuren einen großen Spielraum an Durchdachtheit in ihrem Antwortverhalten bietet. So kann nach dem Erhalt einer persönlichen Nachricht stundenlang überlegt werden, welche Reaktion man dem Gegenüber liefern möchte. Diese Zeit bleibt einem Menschen bei Konfrontationen im realen Leben selbstverständlich nicht. Eine Übertragung der Forschungsergebnisse in den Kontext des wirklichen Lebens ist deshalb aus genannten Gründen nur bedingt möglich.

Für zukünftige Forschungsprojekte wäre es erstrebenswert, den Erfolg einer Beziehung nicht nur anhand des Glücksniveaus, sondern auch anhand der Länge zu untersuchen. Hierzu sollten bestenfalls Daten verwendet werden, die hinsichtlich der Beziehungsdauer in unzensiertem Zustand vorliegen. In Bezug auf die Methodik könnte noch versucht werden, den Grad an Objektivität in Bezug auf bestimmte Variablen zu erhöhen. So war es ein zentrales Anliegen dieser Studie, das Attraktivitätsniveau der Paare in die multivariaten Berechnungen mit einzubeziehen. Unter Verfügbarkeit von Portraitfotos könnte diesbezüglich durchaus auf die „Truth of Consesus"-Methode zurückgegriffen werden, welche vor allem in der Attraktivitätsforschung ein unverzichtbares Instrument für die Messung von Schönheit darstellt. Das Aussehen der Probanden wird dabei zunächst unabhängig von mehreren Personen beurteilt. Im Anschluss an die Bewertung wird durch die Verrechnung der Einzelurteile ein Mittelwert gebildet, welcher als reliable Annäherung der allgemeinen Attraktivität des untersuchten Teilnehmers betrachtet werden kann. Zwar liegt Schönheit damit noch immer im Auge des Betrachters, jedoch kann durch die konsensuelle Wertung der Grad an individueller Subjektivität deutlich reduziert werden. Verzerrungen aufgrund von Zuneigung und Sympathie sollten sich somit größtenteils vermeiden lassen.

Abbildungsverzeichnis

Tabellenverzeichnis

Literaturverzeichnis

Bauer, Johannes; Ganser, Christian (2007): Münchner Studie zu Partnerwahl und Partnerschaft. URL: http://www.ls4.soziologie.uni-muenchen.de/downloads/partnerstudie.pdf (abgerufen am 12.04.12)

Becker, Gary S. (1981): A Treatise on the Family. Cambridge: Harvard University Press.

Becker, Gary S. (1982): Der ökonomische Ansatz zur Erklärung menschlichen Verhaltens. Tübingen: Mohr.

Bierhoff, Hans-Werner (2000): Sozialpsychologie – Ein Lehrbuch. Stuttgart: Kohlhammer Verlag.

Buss, David M. (2004): Evolutionary Psychology. The New Science of the Mind. Boston: Pearson Education.

Buston, Peter M.; Emlen, Stephen T. (2003): Cognitive processes underlying human mate choice: The relationship between self-perception and mate preference in Western society. In: Proceedings of the National Academy of Sciences of the USA. Vol 100, No. 15. S. 8805 - 8810. Washington: NAS.

Darwin, Charles (1871): The Descent of Man, and Selection in Relation to Sex. London: J. Murray.

Darwin, Charles (1883): Die Abstammung des Menschen und die geschlechtliche Zuchtwahl. Stuttgart: Schweizerbart.

Diekmann, Andreas (2010): Empirische Sozialforschung: Grundlagen, Methoden, Anwendungen. Reinbek bei Hamburg: Rowohlt-Taschenbuch-Verlag.

Feld, Scott L. (1981): The Focused Organization of Social Ties. In: American Journal of Sociology, Vol. 86, No. 5. Chicago: The University of Chicago Press.

Feld, Scott L. (2009): Homophily and the Focused Organization of Ties. In: Hedström, Peter: The Oxford Handbook of Analytic Sociology. Oxford: Oxford University Press.

Franzen, Axel; Hartmann, Josef (2001): Die Partnerwahl zwischen Wunsch und Wirklichkeit: Eine empirische Studie zum Austausch von physischer Attraktivität und sozialem Status. In: Klein, Thomas (Hrsg.): Partnerwahl und Heiratsmuster - Sozialstrukturelle Voraussetzungen der Liebe. S. 183 – 2006. Opladen: Leske + Budrich.

Grammer, Karl (1995): Signale der Liebe – Die biologischen Gesetze der Partnerschaft. München: dtv.

Hartmann, Peter H.; Schimpl-Neimanns, Bernhard (1992): Sind Sozialstrukturanalysen mit Umfragedaten möglich? Analysen zur Repräsentativität einer Sozialforschungsumfrage. In: Kölner Zeitschrift für Soziologie und Sozialpsychologie, Jg. 44, Heft 2, S. 315-340.

Hassebrauck, Manfred (2010): Alles über Liebe. München: mvg Verlag.

Kappeler, Peter M. (2008): Verhaltensbiologie. Heidelberg: Springer.

Klein, Renate (1991): Modelle der Partnerwahl. In: Amelang, Manfred; Ahrens, Hans-Joachim; Bierhoff, Hans-Werner (Hrsg.): Partnerwahl und Partnerschaft. Formen und Grundlagen partnerschaftlicher Beziehungen. S. 31 – 70. Göttingen: Hogfrefe – Verlag für Psychologie.

Lee, Leonard; Loewenstein, George; Ariely, Dan; Hong, James; Young, Jim (2008): If I'm Not Hot, Are You Hot Or Not? Physical Attractiveness Evaluations and Dating Preferences as a Function of Own Attractiveness. In: Psychological Science, Vol. 19, No. 7. Washington: Association for Psychological Science.

Lenz, Karl (2009): Soziologie der Zweierbeziehung. Eine Einführung. Wiesbaden: Verlag für Sozialwissenschaften.

Lösel, Friedrich; Bender, Doris (2003): Theorien und Modelle der Paarbeziehung. In: Bierhoff, Hans-Werner; Grau, Ina (Hrsg.): Sozialpsychologie der Partnerschaft. S. 43-75. Berlin: Springer.

Mikula, Gerold; Stroebe, Wolfgang (1977): Sympathie, Freundschaft und Ehe. Psychologische Grundlagen zwischenmenschlicher Beziehungen. Bern u.a.: Huber.

Reiss, Steven (2002): Who am I?: 16 Basic Desires that Motivate Our Actions Define Our Personalities. New York: Berkley Trade.

Statistisches Bundesamt (2012): Statistik der rechtskräftigen Beschlüsse in Eheauflösungssachen. URL: https://www.destatis.de/DE/Publikationen/Thematisch/Bevoelkerung/Bevoelkerungsbewegung/Scheidungsstatistik2010140107004.pdf?__blob=publicationFile (abgerufen am 27.05.12)

Wedekind, Claus; Füri, Sandra (1997): Body odour preferences in men and women: do they aim for specific MHC combinations or simply heterozygosity? In: Proceedings of the Royal Society of London, Issue 264: S. 1471–1479. London: The Royal Society.

Winch, Robert F. (1958): Mate selection: A study of complementary needs. New York: Harper.

World Health Organization (2008): BMI Classification. URL: http://apps.who.int/bmi/index.jsp?introPage=intro_3.html (abgerufen am 14.06.2012)

Anhangsverzeichnis

Anhang

1. Fragebogen der Studie

Studie zu Partnerwahl und Partnerschaft   Fortschritt [■■   ]   9%

FriendScout24-Erfolgspaare

Sehr geehrte Damen und Herren,

zunächst einmal vielen Dank, dass Sie sich die Zeit nehmen, unseren Fragebogen zu beantworten. Die Beantwortung wird etwa **5 Minuten** in Anspruch nehmen.

Auf den folgenden Seiten finden Sie eine Reihe von Fragen zum Thema **Partnerwahl** und **Partnerschaft**, welche sich AUSSCHLIESSLICH auf die Partnerschaft beziehen, **wegen der Sie sich damals als Teil eines FriendScout24-Erfolgspaar beworben haben**!

Wir bitten Sie sehr herzlich, möglichst jede Frage zu beantworten, auch wenn die damals eingegangene Partnerschaft inzwischen nicht mehr besteht.

Ihre Antworten werden selbstverständlich streng **vertraulich** und **anonym** behandelt.

+++ MITMACHEN LOHNT SICH: Unter allen Teilnehmern verlosen wir insgesamt **10 Amazon-Gutscheine** im Wert von je **100 Euro!** +++

Für Rückfragen stehen wir Ihnen jederzeit via E-Mail zur Verfügung.

Nochmals Danke für Ihre Mithilfe!

Ihr FriendScout24-Team

[Zurück] [Weiter]

Sie haben Fragen? Schicken Sie eine E-Mail an: kundenservice@friendscout24.de.

Studie zu Partnerwahl und Partnerschaft

Fortschritt   ▪▪▪▪   18%

FriendScout24-Erfolgspaare

Zunachst ein paar allgemeine Fragen zu der **Partnerschaft**, die Sie damals mit einem **anderen Mitglied von FriendScout24** eingegangen sind...

In welchem **Jahr** hat die Partnerschaft begonnen?

2012 ▾

In welchem **Monat** hat die Partnerschaft begonnen?

Januar   ▾

	Ja	Nein
Sind sie noch mit der Person zusammen, die sie damals bei FriendScout24 kennengelernt haben?	○	○

	Ja, immer noch verheiratet	Ja, aber getrennt lebend	Nein, nicht mehr verheiratet	Nein, nie geheiratet
Sind/waren Sie mit Ihrem Partner/Ihrer Partnerin verheiratet?	○	○	○	○

[Zurück]   [Weiter]

Sie haben Fragen? Schicken Sie eine E-Mail an: kundenservice@friendscout24.de.

Studie zu Partnerwahl und Partnerschaft   Fortschritt [▪▪▪▪▪▪▪] 27%
FriendScout24-Erfolgspaare

In welchem **Jahr** hat die Partnerschaft geendet?   2012 ▼

In welchem **Monat** hat die Partnerschaft **geendet**?   Januar ▼

Was war der **Grund ihrer Trennung**? (Freiwillige Angabe)

[   ]

[Zurück] [Weiter]

Sie haben Fragen? Schicken Sie eine E-Mail an: kundenservice@friendscout24.de.

Studie zu Partnerwahl und Partnerschaft   Fortschritt [■■■■■■■■■]   36%

FriendScout24-Erfolgspaare

Nun ein paar Fragen zu den **örtlichen Gegebenheiten** Ihrer Beziehung...

	Ja	Nein
Wohnen/wohnten Sie und Ihr Partner/Ihre Partnerin **zu Beginn der Beziehung** in **derselben Stadt**?	○	○
Wohnen/wohnten Sie und Ihr Partner/Ihre Partnerin **zum Ende der Beziehung / jetzigen Zeitpunkt** in **derselben Stadt**?	○	○
Wohnen/wohnten Sie mit Ihrem Partner/Ihrer Partnerin zusammen?	○	○

Wie groß ist/war die **Entfernung** zu Ihrem Partner/Ihrer Partnerin **zu Beginn der Beziehung** in **km**?   [_____]

Wie groß ist/war die **Entfernung** zu Ihrem Partner/Ihrer Partnerin **am Ende der Beziehung / zum jetzigen Zeitpunkt** in **km**? (Bei gemeinsamen Wohnen bitte 0 eintragen)   [_____]

[Zurück] [Weiter]

Sie haben Fragen? Schicken Sie eine E-Mail an: kundenservice@friendscout24.de.

Studie zu Partnerwahl und Partnerschaft

Fortschritt ▓▓▓▓▓▓▓▓▓▓ 45%

FriendScout24-Erfolgspaare

Inwieweit stimmen/stimmten Sie mit ihrem Partner/ihrer Partnerin in Bezug auf folgende **Wertvorstellungen in einer Partnerschaft** überein?

	Wir stimmen überhaupt nicht überein	Wir stimmen eher nicht überein	Wir stimmen teils / teils überein	Wir stimmen eher überein	Wir stimmen voll und ganz überein
Treue	○	○	○	○	○
Toleranz	○	○	○	○	○
Vertrauen	○	○	○	○	○
Ehrlichkeit	○	○	○	○	○
Respekt	○	○	○	○	○

[Zurück] [Weiter]

Sie haben Fragen? Schicken Sie eine E-Mail an: kundenservice@friendscout24.de.

Studie zu Partnerwahl und Partnerschaft

FriendScout24-Erfolgspaare

Fortschritt `■■■■■■■■■■■■■`   55%

Inwieweit sind folgende Faktoren für Sie in einer festen Beziehung **generell** wichtig?

Faktoren	Völlig unwichtig	Eher unwichtig	Teils / teils	Eher wichtig	Sehr wichtig
Gemeinsame Interessen/Hobbys	○	○	○	○	○
Ähnliches Bildungsniveau	○	○	○	○	○
Gemeinsamer Freundeskreis	○	○	○	○	○
Ähnliches Einkommen	○	○	○	○	○
Gemeinsame Werte/Einstellungen	○	○	○	○	○
Ähnliche Attraktivität des Partners/der Partnerin	○	○	○	○	○
Ähnliches Alter des Partners/der Partnerin	○	○	○	○	○

[Zurück] [Weiter]

Sie haben Fragen? Schicken Sie eine E-Mail an: kundenservice@friendscout24.de.

Studie zu Partnerwahl und Partnerschaft

Fortschritt [■■■■■■■■■■■■■■■■■] 64%

FriendScout24-Erfolgspaare

Inwieweit stimmen Sie folgenden **Aussagen** zu?

	Stimme überhaupt nicht zu	Stimme eher nicht zu	Teils / teils	Stimme eher zu	Stimme voll und ganz zu
Mein Partner/meine Partnerin und ich haben/hatten viele gemeinsame Interessen/Hobbys	○	○	○	○	○
Mein Partner/meine Partnerin und ich haben/hatten viele gemeinsame Freunde	○	○	○	○	○
Mein Partner/meine Partnerin und ich haben/hatten gleiche Wertvorstellungen und Einstellungen	○	○	○	○	○
Mein Partner/meine Partnerin und ich hatten ein ähnliches Alter	○	○	○	○	○
Mein Partner/meine Partnerin und ich haben/hatten ein ähnliches Bildungsniveau	○	○	○	○	○
Mein Partner/meine Partnerin und ich haben/hatten ein ähnliches Einkommen	○	○	○	○	○
Mein Partner/meine Partnerin und ich waren ähnlich attraktiv.	○	○	○	○	○

[Zurück] [Weiter]

Sie haben Fragen? Schicken Sie eine E-Mail an: kundenservice@friendscout24.de.

Studie zu Partnerwahl und Partnerschaft

Fortschritt ▪▪▪▪▪▪▪▪▪▪▪▪▪▪▪▪▪▪▪ 73%

FriendScout24-Erfolgspaare

Mit wem unternehmen/unternahmen Sie **überwiegend** die folgenden **Aktivitäten**?

	Allein	Mit Partner / Partnerin	Mit Freunden	Mit anderen Personen	Gar nicht
Ins Kino gehen	○	○	○	○	○
Konzerte besuchen	○	○	○	○	○
In die Kirche gehen	○	○	○	○	○
Museen besuchen	○	○	○	○	○
Musik hören	○	○	○	○	○
Fernsehen	○	○	○	○	○
Computerspiele spielen	○	○	○	○	○
Sport treiben	○	○	○	○	○
Aktivitäten in Vereinen	○	○	○	○	○

[Zurück] [Weiter]

Sie haben Fragen? Schicken Sie eine E-Mail an: kundenservice@friendscout24.de.

Studie zu Partnerwahl und Partnerschaft
FriendScout24-Erfolgspaare

Fortschritt ▪▪▪▪▪▪▪▪▪▪▪▪▪▪▪▪▪▪▪▪▪▪ 82%

Abschließend noch ein paar **personenbezogene Fragen** zu Ihnen und Ihrem Partner...

Welches Geschlecht haben **Sie**? `Männlich ▾`

Welches Geschlecht hat/hatte **Ihr Partner/Ihre Partnerin**? `Männlich ▾`

Wie alt sind **Sie**? `18 Jahre ▾`

Wie alt ist/war **Ihr Partner/Ihre Partnerin**? `18 Jahre ▾`

Wie groß sind **Sie**? `120 cm ▾`

Wie groß ist/war **Ihr Partner/Ihre Partnerin** ungefähr? `120 cm ▾`

Wieviel kg wiegen **Sie**? `40 kg ▾`

Wieviel kg wiegt/wog **Ihr Partner/Ihre Partnerin** ungefähr? `40 kg ▾`

Wie hoch ist **Ihr** monatliches Nettoeinkommen in Euro? `_____`

Wie hoch ist/war das monatliche Nettoeinkommen **Ihres Partners/Ihrer Partnerin** in Euro ungefähr? `_____`

[Zurück] [Weiter]

Sie haben Fragen? Schicken Sie eine E-Mail an: kundenservice@friendscout24.de.

Studie zu Partnerwahl und Partnerschaft
FriendScout24-Erfolgspaare

Fortschritt [=========================] 91%

Welcher Religionsgemeinschaft gehören **Sie** an? | Römisch-katholische Kirche ▼ |

Welcher Religionsgemeinschaft gehört/gehörte **Ihr Partner/Ihre Partnerin** an? | Römisch-katholische Kirche ▼ |

Welche Nationalität haben **Sie**? | |

Welche Nationalität hat/hatte **Ihr Partner/Ihre Partnerin**? | |

Welchen höchsten allgemeinen Bildungsabschluss haben **Sie**? | Noch Schüler ▼ |

Welchen höchsten allgemeinen Bildungsabschluss hat/hatte **Ihr Partner/Ihre Partnerin**? | Noch Schüler ▼ |

Bitte geben Sie **Ihre** berufliche Stellung an. | Arbeitslos ▼ |

Bitte geben Sie die berufliche Stellung **Ihres Partners/Ihrer Partnerin** an. | Arbeitslos ▼ |

Welchen höchsten beruflichen Ausbildungsabschluss haben **Sie**? | Beruflich-betriebene Anlernzeit mit Abschlusszeugnis, aber keine Lehre ▼ |

Welchen höchsten beruflichen Ausbildungsabschluss hat/hatte **Ihr Partner/Ihre Partnerin**? | Beruflich-betriebene Anlernzeit mit Abschlusszeugnis, aber keine Lehre ▼ |

	Unattraktiv	Weniger attraktiv	Neutral	Attraktiv	Sehr attraktiv
Wie attraktiv schätzen Sie **sich selbst** ein?	○	○	○	○	○
Wie attraktiv ist/war **Ihr Partner/Ihre Partnerin**?	○	○	○	○	○

	Unwichtig	Weniger wichtig	Teils / teils	Eher wichtig	Sehr wichtig
Wie wichtig ist **Ihnen** gesunde Ernährung?	○	○	○	○	○
Wie wichtig ist/war **Ihrem Partner/Ihrer Partnerin** gesunde Ernährung?	○	○	○	○	○

	Ja	Nein
Treiben **Sie** mindestens einmal die Woche Sport?	○	○
Treibt/trieb **Ihr Partner/Ihre Partnerin** mindestens einmal die Woche Sport?	○	○

[Zurück] [Weiter]

Sie haben Fragen? Schicken Sie eine E-Mail an: kundenservice@friendscout24.de.

Studie zu Partnerwahl und Partnerschaft

FriendScout24-Erfolgspaare

Fortschritt [■■■■■■■■■■■■■■■■■■■■■■■■■] 100%

Vielen Dank, dass Sie sich die Zeit genommen haben, sämtliche Fragen zu beantworten.

Bitte geben Sie hier Ihre E-Mail Adresse ein, wenn Sie an der Verlosung der Amazon-Gutscheine teilnehmen möchten.

[   ]

[Zurück] [Fertig]

Sie haben Fragen? Schicken Sie eine E-Mail an: kundenservice@friendscout24.de.

2. Reliabilitätsanalyse für den Index "Beziehungszufriedenheit"

Zusammenfassung der Fallverarbeitung

		N	%
Fälle	Gültig	332	96,5
	Ausgeschlossen[a]	12	3,5
	Gesamt	344	100,0

a. Listenweise Löschung auf der Grundlage
aller Variablen in der Prozedur.

Reliabilitätsstatistiken

Cronbachs Alpha	Cronbachs Alpha für standardisierte Items	Anzahl der Items
,768	,775	7

Itemstatistiken

	Mittelwert	Standardabweichung	N
Indexvariable: Interessen	,45	,656	332
Indexvariable: Freunde	,52	,735	332
Indexvariable: Werte	,44	,677	332
Indexvariable: Alter	,17	,439	332
Indexvariable: Bildung	,31	,553	332
Indexvariable: Einkommen	,35	,610	332
Indexvariable: Attraktivität	,27	,516	332

	Indexvariable: Interessen	Indexvariable: Freunde	Indexvariable: Werte	Indexvariable: Alter	Indexvariable: Bildung	Indexvariable: Einkommen	Indexvariable: Attraktivität
Indexvariable: Interessen	1,000	,406	,405	,271	,304	,204	,115
Indexvariable: Freunde	,406	1,000	,451	,338	,349	,248	,216
Indexvariable: Werte	,405	,451	1,000	,444	,420	,240	,210
Indexvariable: Alter	,271	,338	,444	1,000	,610	,247	,188
Indexvariable: Bildung	,304	,349	,420	,610	1,000	,532	,210
Indexvariable: Einkommen	,204	,248	,240	,247	,532	1,000	,523
Indexvariable: Attraktivität	,115	,216	,210	,188	,210	,523	1,000

Item-Skala-Statistiken

	Skalenmittelwert, wenn Item weggelassen	Skalenvarianz, wenn Item weggelassen	Korrigierte Item-Skala-Korrelation	Quadrierte multiple Korrelation	Cronbachs Alpha, wenn Item weggelassen
Indexvariable: Interessen	2,06	5,716	,436	,239	,752
Indexvariable: Freunde	1,99	5,245	,513	,296	,737
Indexvariable: Werte	2,07	5,324	,554	,354	,725
Indexvariable: Alter	2,33	6,169	,528	,437	,739
Indexvariable: Bildung	2,20	5,616	,608	,559	,717
Indexvariable: Einkommen	2,16	5,738	,480	,479	,741
Indexvariable: Attraktivität	2,23	6,325	,355	,312	,764

3. Diagnostik der Regressionsanalysen

Multikollinearität: VIF

Lineares Regressionsmodell 1: Biologischer Ansatz

Variable	VIF	1/VIF
dummy_attraktivität	1,04	0,958773
differenz_bmi	1,01	0,994036
dummy_sport	1,06	0,942507
dummy_ernaehrung	1,08	0,925069
v13_1	1,09	0,915751
v14_1	1,08	0,922509
beziehungsdauer	1,02	0,977517
Mean VIF	1,06	

Lineares Regressionsmodell 2: Strukturalistischer Ansatz

Variable	VIF	1/VIF
differenz_entfernung_1k	1,06	0,943396
differenz_alter	1,52	0,657462
dummy_bildung	1,06	0,939850
dummy_nationalitaet	1,07	0,934579
dummy_religion	1,09	0,914077
v13_1	1,47	0,680272
v14_1	1,15	0,873362
beziehungsdauer	1,03	0,974659
Mean VIF	1,18	

Lineares Regressionsmodell 3: Sozialpsychologischer Ansatz – männliche Probanden

Variable	VIF	1/VIF
einkommen_1k_partner	1,05	0,948767
v23_2	1,16	0,860585
bmi_ideal_abweichung_partner	1,04	0,957854
alter_partner	5,62	0,177904
v14_1	5,40	0,185219
beziehungsdauer	1,15	0,870322
Mean VIF	2,57	

Lineares Regressionsmodell 4: Sozialpsychologischer Ansatz – weibliche Probanden

Variable	VIF	1/VIF
einkommen_1k_partner	1,08	0,930233
v23_2	1,08	0,927644
bmi_ideal_abweichung_partner	1,07	0,938086
alter_partner	6,29	0,159033
v14_1	5,87	0,170300
beziehungsdauer	1,31	0,765111
Mean VIF	2,78	

Lineares Regressionsmodell 5: Ökonomischer Ansatz

Variable	VIF	1/VIF
dummy_arbeitsteilung	1,17	0,857633
differenz_einkommen_1k	1,15	0,866551
v13_1	1,05	0,955110
v14_1	1,03	0,968054
beziehungsdauer	1,05	0,956938
Mean VIF	1,09	

Lineares Regressionsmodell 6: Vergleich der Ansätze

Variable	VIF	1/VIF
dummy_attraktivität	1,13	0,887311
differenz_bmi	1,09	0,919963
dummy_sport	1,12	0,895255
dummy_ernaehrung	1,08	0,925926
differenz_entfernung_1k	1,18	0,850340
differenz_alter	1,69	0,591716
dummy_bildung	1,08	0,924214
dummy_nationalitaet	1,22	0,816993
dummy_religion	1,28	0,783085
dummy_arbeitsteilung	1,28	0,778816
differenz_einkommen_1k	1,33	0,753012
v13_1	1,73	0,578035
v14_1	1,25	0,798722
beziehungsdauer	1,08	0,926784
Mean VIF	1,25	